AF502157

ESTAMPES

ANCIENNES, MODERNES & EAUX-FORTES

PORTRAITS

PIÈCES HISTORIQUES & VUES

École du XVIIIe Siècle

EN NOIR & EN COULEUR

LA PLUPART

AVANT LA LETTRE & ÉPREUVES DE CHOIX

BEAUX DESSINS

Cabinet de M. D. L. V.

VENTE LES 12, 13, 14 & 15 DÉCEMBRE 1864

EXPOSITION le Dimanche 11.

Me DELBERGUE-CORMONT	M. VIGNÈRES
Cre-PRISEUR	MARCHAND D'ESTAMPES

PARIS — 1864

RENOU et MAULDE, Imprimeurs de la Compagnie des Commissaires-Priseurs, rue de Rivoli, 144 36241

(198e) CATALOGUE

D'ESTAMPES

TRÈS-BELLES ÉPREUVES DES

Écoles Anglaise, Allemande, Flamande, Hollandaise, Française, et Italienne anciennes, Modernes et Eaux-Fortes.

PORTRAITS

PIÈCES HISTORIQUES & VUES

École du XVIIIe Siècle

EN NOIR & EN COULEUR

LA PLUPART

(avant la lettre et Épreuves de choix)

BEAUX DESSINS

Cabinet de M. D. L. V.

DONT LA VENTE AURA LIEU

HOTEL DES COMMISSAIRES-PRISEURS

Rue Drouot, n° 5

SALLE 3, AU 1er

Les Lundi 12, Mardi 13, Mercredi 14 & Jeudi 15 Décembre 1864

A UNE HEURE PRÉCISE

Me DELBERGUE-CORMONT, Commissaire-Priseur,
rue de Provence, 8,
Assisté de **M. VIGNÈRES,** Marchand d'Estampes,
rue de la Monnaie, 13, à l'entresol, entrée rue Baillet, 1,
CHEZ LEQUEL SE DISTRIBUE CE CATALOGUE.

EXPOSITION PUBLIQUE

Le Dimanche 11 Décembre 1864, de 1 heure à 4 heures.

PARIS — 1864

ORDRE DES VACATIONS

LUNDI 12 — 1re VACATION

Estampes anciennes et modernes... 1 à 219

MARDI 13 — 2me VACATION

Portraits........................ 220 à 464

MERCREDI 14 — 3me VACATION

Portraits, Pièces historiques. }
Écoles du XVIIIe siècle....... }..... 465 à 709

JEUDI 15 — 4me VACATION

Écoles du XVIIIe siècle, Pièces en couleur et Dessins.............. 710 à 954

Nous avons suivi les attributions de l'amateur pour les Dessins.

CONDITIONS DE LA VENTE

Les lots ne formant pas suite complète pourront être divisés à la volonté du vendeur.

Au comptant, CINQ pour CENT en plus des enchères applicables aux frais.

M. VIGNÈRES, dirigeant la Vente, se charge des Commissions.

NOTA. Toute commission sans prix fixé ou sans limite déterminée sera regardée comme nulle.

M. VIGNÈRES se charge de faire marquer les prix aux Catalogues des ventes qu'il a faites. Les personnes qui le désirent peuvent s'adresser à lui *franco*.

Les Catalogues des Ventes à faire seront envoyés aux personnes qui en feront la demande *affranchie*.

AVIS. — Nous prions MM. les Amateurs éloignés de ne pas attendre au dernier jour, pour que les lettres arrivent le matin de la vente ; ils comprendront que quelques lettres peuvent se lire, mais de 20 à 50 lettres, c'est difficile.

		18 %	
payé Evans ×	3959 ..	712 45	[illegible]
	montage	55 20	
	555 [illegible]	38 85	
payé La Villestreux (Baronde)	2111 ..	380 ..	1.700 70
F.L.N.	1013 ..	182 30	
payé Goncourt	592 50	106 65	411 85
payé Loizelet	431 50	77 70 (2 75)	350 85
payé Duval	280 ..	50 40	222 60 / 184 20
payé Flamet	98 ..	17 65	78 95
payé Donadieu D.D.	49 25	8 85	40 15
payé Baigel	46	8 30	37 70
payé Picot	27 50	4 95	22 30
payé Lucas 41 r. de l'arc de triomphe	20 ..	3 60	16 15
payé Gihaut uni à (201)	11 50	2 10	9 40
payé Moureau	9 25	1 70	7 15
payé Maté le reçu avec celui soldé (201)	5 ..	90	4 10
payé Marvy	2 25	26	2 ..
Benard. 8653.75	8655 75		

ESTAMPES

ANCIENNES, MODERNES & EAUX-FORTES

1 **Aken** (Van). Les paysans en conversation au haut de la colline (B. 18). *Nicolas Wischer excudit.* Belle.

2 **Aquafortistes.** Mme *O'Connel*, un Chevalier, Louis XIII. — *Leo Drouyn*, Etang de la Canau.— *Chauvel* et *Hervier*, Paysages. 4 p.

3 **Audran** (Gérard). Le Buisson ardent, d'après Raphaël. Sup. ép. 1er état avec les noms d'artistes seulement.

4 **Baillie** (Cap. W.), 1753. Soldat tirant le fusil, 1757. Flotte, 1759. Naufrage, 1760. Spectemun agendo, fait en 4 heures, 1761. Vieillard de profil à grande barbe avec chaîne. Le même sans chaîne et plus grand, Coquille sur papier de couleur, 1762. Paysage avec un temple à droite 1764. Pont et entrée du château d'Amboise sur la Loire, en couleur, 1786. Kellett colonel, Vierge et Jésus tenant des pommes, sans noms ni date. 10 p.

5 — D'ap. *Berghem*, 1772. Paysage, papier de couleur. *Cuyp*, sept bœufs et vaches au repos. Superbe effet de lune. *Gérard Dow*, vieille en collerette; la même en couleur; Jeune fille à la fenêtre avec une lampe ; le tailleur de plumes ; Scène de soldats fumants et femme qui dort ; l'ouvrière en dentelles. Ces 4 pièces sont de superbes effets de lumière. *Dusart*, le Buveur, le Fumeur. 10 p.

6 — *Van Dyck*, Gevartius fac-similé. *Eckhout*, Daniel prouvant le faux témoignage des vieillards, 1er état. *Geraats*, joueurs de trictrac. *Van Goyen*, 2 paysages, papier de couleur. *Guide*, tête de jeune fille, papier de couleur ; l'Amour battant le briquet, en couleur ; le char du soleil, à la sanguine, avant le titre et les armes. *Halls*, son portrait. 1er état, à l'eau-forte ; le même terminé. Sup. 10 p.

7 — *Hone*. Ja. Turner, âgé de 93 ans ; The piping Boy, 1er état. *Van der Meer*, chèvres et moutons, *Mieris*, son portrait. *Molenaer*, musique à la fin du repas. *Molyn*, 3 paysages différents. *Netcher*, Cor. de Witt, James duc de Monmouth, à cheval, bataille aufond. Belle pièce. 10 p.

8 — *Ostade*, le paysan sans souci et pendant. — Le fumeur debout causant avec le buveur assis, 1er état. Scène de tabagie, huit figures, 1er état. — Le lecteur de gazette. — Scène de tabagie cinq figures. — L'école avant le titre. — *Poussin*, Cupids Hunting, 8 p.

9 — *Rembrandt*, tête de vieillard de profil, original et copie de Baillie. — Le 2e morceau de la pièce de cent florins, original. — Jésus guérissant, dit la pièce de cent florins, par Th. Worlidge. Sup. ép. poussée au ton. — Morceau de gauche, copie contre partie. — Paysage aux trois arbres, contre-partie, 1er état avant le ciel noir. — 2e état avec le ciel noir et la foudre. — Petit paysage ceintré du haut. — Paysage avec un tronc de saule au

milieu, 1er état. Evening. — Vieillard à barbe, tête nue. — Vieillard de face avec bonnet. — L'Histoire touchante. — Le Christ au tombeau, relevé de couleur. 14 p.

10 — *Rubens*. Deux Siamois fac-simile. *Ruysdael*, paysage. *Terburg*, Will, prince d'Orange, père du roi William III, à cheval. Très-belle ép. *Valentin*, Querelle de soldats au jeu. *Vandevelde*, 2 marines. 7 p.

11 **Beatrizet.** (N.) L'Adoration des mages (B. 13).

12 — Jésus ressuscitant la fille de Jaïre (15).

13 — Saint Pierre marchant sur les eaux (16).

14 — Le Christ en croix (20), avant *Lafrery*.

15 — Sainte Elisabeth de Hongrie visitant les malades (31), d'ap. Mucien.

16 — Titius déchiré par un vautour (39).

17 — Mort de Maleagre (41). Magnifique ép.

18 — Sacrifice d'Iphigénie (43). 1er état avant les écussons d'armes.

19 — Les tireurs d'arcs, d'ap. Michel-Ange (attribué) Heinecken, vol. 11, page 379.

Ces pièces sont généralement très-belles.

20 **Beham** (H. Sebald). Adam et Eve, 1543 (B. 6), la Mort est entre eux. Très-belle.

21 — Adam et Eve chassés du Paradis (B. 7). Très-belle.

22 — Les travaux d'Hercule (B. 97, 98, 99, 100, 101, 105). 6 p. Très-belles ép.

23 — Les sept Planètes (B. 114 à 120). 7 petites p. Très-belles ép.

24 — Dialectica (122). Arithmetria (124). Geometria (126). 3 p.

25 **Beham.** Les danseurs de noces (B. 154 à 163). 10 p. Très-belles. Charmante suite complète.

26 — Le soldat amoureux, 1521 (B. 202). — La copie, contre-partie sans aucun monogramme. 2 p. Belles ép.

27 — Le Vase au milieu de deux génies (B. 233). Très-belle ép., un peu de marge.

28 — Les deux têtes de poissons (B. 235). Sup. ép,

29 **Beutler** (Matth.). Très-petites figures en silhouette pour les émailleurs. 9 petites pièces rares.

30 **Boissieu.** Le retour du pâturage, ou les grandes vaches. Ep. extrêmement rare, avant nombre de travaux à la pointe sèche et à la roulette, et avant que les morsures de l'étau n'aient été effacées.

31 **Bolswert** (S. à). Abraham prêt à sacrifier son fils, d'ap. Rombouts.

32 **Bonasone** (Jules). Noé sortant de l'arche (B. 4.)

33 — La Résurrection (45).

34 — La Vierge entourée de la Madeleine, saint Joseph et saint Jean (54).

35 — La Vierge rayonnante au-dessus de saint Jean et saint Jérôme (62).

36 — Scipion blessé dans le combat contre Annibal (81). Magnifique ép.

37 — Jupiter amoureux de Junon parée de la ceinture de Vénus (92). Très-belle ép.

38 — Pluton descendant aux enfers (95).

39 — Cupidon assis près de sa mère sur un char orné des attributs des dieux qui ont subi le pouvoir de l'Amour (105). Pièce charmante.

R. 19 [illegible] 10
R. 7 50

R. 27 50
R. 12 50
R. 31

R 37 50

R 37 50

R 27 50

R 44

R. 44
R. 37 50

R. 27 50
Dob. 20

[illegible] 40

~~[illegible]~~ 10

Har 10. R 12 50

Hemi 2. Dob. 14. MR 10

Herm. 2.

40 **Bonasone.** Jugement de Pàris (112).

41 — L'enfant ravi du berceau et transporté en haut d'une tour (174).

42 — L'étoile protectrice de la Fécondité (175).

43 **Bosse** (Ab.). Le Pâtissier, chez Tavernier. Très-belle ép., marge.

44 — L'Ostel de Bourgogne, chez Leblond. Pièce rare.

45 — La galerie du Palais, chez Leblond. Magnifique ép. d'une pièce curieuse pour les mœurs et costumes du temps, très-rare.

46 **Both.** (J). Le chariot attelé de bœufs (B. 2). — Les deux mulets (B. 4). 2 p. à l'eau-forte.

47 **Boulanger.** Sainte Famille, osculatur me osculo oris sui. Sup. ép.

48 — Vierge, Jésus et saint Jean. Ep. avant le vase. — La même ép. avec le vase. Ces 2 p. très-belles, avant le nom d'artiste.

49 **Brosamer** (H.), 1545. Dalila coupant les cheveux à Samson. Belle pièce (B. 4).

50 **Bry** (Théodore de). La fête de village, composition d'un nombre immense de figures, avec danse, jeux, combats, festin, arracheur de dents, etc. Sup. ép.

51 — Marche de bagages d'armée. Très-belle ép. en forme de frise.

52 **Camayeux.** Clairs-obscurs B. vol. XII, page 26 David et Goliath, d'ap. Raphaël (8).

53 — **Page 44, le Christ au tombeau, d'ap. Raphaël Motta da Reggio (24).**

54 **Camayeux.** Page 46, (27) Mort d'Ananie, d'après Raphaël,

55 — P. 53 (6). Vierge et Jésus, d'ap. le Guide.

56 — P. 56 (11). Vierge, d'ap. F. Vanni.

57 — P. 56 (12). Vierge, Jésus et saint Jean dans un ovale. Ep. ton bleu avant la rupture du bois. — Ep. ton jaune avec les cassures. 2 p.

58 — P. 63 (22). Vierge adorée par un Evêque.

59 — P. 65 (25). Vierge entourée de saints, d'ap. Parmesan.

60 — P. 81 (30). Saint François d'Assise.

61 — P. 88 (3 et 4). Sybilles, d'ap. le Guide. 2 p. Très-belles.

62 — P. 90 (7). Sybille, Tiburtine et Auguste, d'ap. Parmesan.

63 — P. 90 (9). Ajax, d'ap. Polydore.

64 — P. 130 (9). La Vertu, d'après J. Ligozzi.

65 — P. 120 (19). Jason d'ap. Parmesan. — 146 (10), La Surprise. 2 p.

66 — Businck, la Musique. — Jackson, Descente de croix d'ap. Rembrandt. 2 p.

67 **Canaletti.** Porte del Dolo. — Goare del Dolo. — Al Dolo. — Pra della Valle. — et autre. 5 p. Magnifiques ép. avant les lettres et numéros. Rares.

68 **Caraglio.** Mariage de la Vierge (B. 1), d'ap. le Parmesan. Très-belle ép.

69 — Les travaux d'Hercule, d'après Maître Roux (44 à 49). 6 p.

70 — La Bataille au bouclier sur la lance, d'ap. Raphaël (59).

Bordereau

4. Amboise Tascherau		2	..
5. Veille Soleil		2	..
7. Monmouth		2	..
11. Beatrice Nagy	R	9	..
17 Maleagre	R	13	..
20 Boham Adam	R.	11	..
21 . . .	[illegible]	11	..
22 . Hercule	R.	3[illegible]	..
23 . [illegible]	[illegible]	26	..
24 . [illegible]		[illegible]	..
26 . Soldat		1	..
28 . [illegible]	R.	15	..
29 Doutler	R.	8	..
32 Bonasone Noé	R	5	..
33 . Resurrection	R	4	..
34 . Vierge	R	7	..
35 . [illegible]	R	10	..
36 . Scipion	R	12	..
37 . Jupiter	R	25	..
39 . Cupidon	R	41	..
40 . Jug. de Paris	R	13	..
41 . Enfans ravi	R	12	..
42 . l'étoile	R	11	..
43 Bosse Patissier	Dobré	11	..
		294	

		294	..
150 Bry feta	Dobre	11	..
68 Caraglio	R	7	..
70 . Delaulle	R	8	..
71 . [illegible]	R	[illegible]	..
[illegible] . Psyche	R	21	..
76 . .	R	21	..
77 . Scipion	R	11	..
8[illegible] [illegible]	[illegible]	20	..
88 Durer St Jerome	R	2	..
9[illegible] Dyck [illegible]	R	5	..
98 [illegible]	[illegible]	1[illegible]	..
100 Falk . St [illegible]	R	15	..
10[illegible] Ghisi [illegible]	R	13	..
105 . Resurrection	R	1[illegible]	..
106 . Christ	R	[illegible]	..
107 . H. cocles	R	9	..
110 . repos en Egypte	R	14	..
111 . C. Marius	R	5	..
112 . Venus Vulcain	R	7	..
113 . Cybele	R	9	..
114 . Calomnie	R	10	..
115 . Cimetiere	R	30	..
120 Holbein Strasbourg	R	39	..
122 I.P			

R. 31

R. 22 50

R. 23

R. 22 50

Fob. 16. Givelet

71 **Caraglio**. Diogène (61).

72 **Chereau** jeune, 1727. David et la tête de Goliath, d'ap Feti. Sup. ép. avant la lettre.

73 **Collaert** (Adrien). Les Mois de l'année. 12 p. rondes, représentant les occupations de chaque mois.

74 **Cottmann** (D'ap. J.). Etudes d'architecture pittoresque. 10 p. à l'eau-forte, ép. sur chine, par Teuillier, Villevielle, etc.

75 **Dé** (Maître au). Les deux sœurs de Psyché jalouses de son bonheur (B. 50). Sup. ép., 1er état.

76 — Psyché ouvre la boîte fatale (66). Sup. ép., 1er état.

77 — Victoire de Scipion sur Syphax (73). Sup. ép.. 1er état avant *Sumptum*.

78 **Decamps**. *Eaux-fortes*. Les deux Chiens.

79 — Corps de garde turc.

80 — Le petit Anier turc. Ep. chine, le nom à la pointe.

81 — *Lithographie*. Les Mendiants.

82 **Decamps** (D'ap.). Village en Turquie, transport. Les Experts, par Collignon et par Français, Eug. Leroux, C. Nanteuil, Soulange Teissier. 20 p. lithographiées.

83 — Par Desmadryls, H. Dupont, L. Marvy, Masson, Prevost, Tavernier, Vetel, Veyrassat, etc. 17 p. gravées.

84 **De Son** (N.). Le Marchand d'oiseaux (Meaume, 1429), le Porteur d'eau (1430). Très-belles ép., grandes marges. Apprêts du bal champêtre (1434), Drevet, *ex.* — Le Coche près du château (1435).

Leblond, *ex.* — Dy moy de grace ô belle source, 1. — Combien qu'en ton rivage courbe? 2. — Michel Van Lochon *ex.* Ces 2 p. non décrites, rares. en tout. 6. p.

85 **Dupré** (Jules). Le jeune Pâtre. Eau-forte sur chine.

86 **Durer** (Albert). L'Enfant prodigue (B. 28). Très-belle ép.

87 — La Pandore ou grande Fortune (B. 77.) Très-belle ép.

88 **Durer** (D'ap.). Sainte Geneviève, copie contre-partie par *Zoan Andrea.*

89 **Dusart** (C.). La Kermesse ou Fête flamande (16). Belle.

90 **Dyck** (D'ap. Van), par *de Bailliu.* Saint François aux pieds du Christ en croix.

91 — Renaud et Armide. Superbe ép.

92 — Par *S.-A. Bolswert.* Elévation en croix. Très-belle ép., 1er état, du cab. Van Esdaille.

93 — Par *de Brunn.* Triomphe du jeune Bacchus ivre, sur une panthère.

94 — Par *P. de Jode.* Jésus et Lazare.

95 — Par *Pontius.* Sainte Rosalie adorant Jésus,

96 — Par *Van Schuppen.* Des anges enlevant les flèches de saint Sébastien.

97 — Sainte Famille. Gaspard Huberti *excud.* — Mariage de Sainte Catherine, d'ap. Corneille de Vos. *Martin Van den Enden.* 2 p.

98 **Edlinck** (G.). La Vierge assise au pied de la croix, d'ap. Ph. de Champagne (R. D. 13). Belle ép., avant-dernier état.

37.50 Drug 100 M.R 25

37 50 M.R 20

R. 10

20

R. 19 Jer 10.

R. 31

R. 31

R. 31

R. 35

R. 31

R. 31

R. 31

R. 31

R. 31

99 **Everdingen**. Le Moulin sous la chute d'eau (B. 78). Très-belle ép.

100 **Falck**. Sainte Famille, d'ap. Palma. Jeune homme offrant un poisson à l'Enfant Jésus. Magnifique ép. avec belle marge.

101 **Forter**. Les trois Grâces, d'apr. Raphaël. Sup. ép. avant la lettre (n° 27) sur chine.

102 **Galle**. Descente de croix, d'ap. Diepenbecke, 1er état, *Martin Venden Enden*.

103 **Gaultier** (Léonard). Jugement dernier, d'après Michel-Ange.

104 **Ghisi** (Adam). Le jeune Hercule écoute la Vertu et la Volupté (26). Très-belle ép.

105 **Ghisi** (J.-B.). La Résurrection (B. 5), d'après Jules Romain. Superbe ép.

106 **Ghisi** (Diana). Le Christ mis au tombeau (B. 8), avec *Callistus*. Très-belle ép.

107 — Horatius Coclès se sauvant à la nage (34). Sup. ép. rognée du bas.

108 — Taureau offert en sacrifice à Jupiter (46). On a gratté *Horatius Pacificus*.

109 **Ghisi** (Georges). La Nativité, copie (B. 3).

110 — Repos en Egypte, les anges ont amené un cardinal (4). Très-belle ép.

111 — Caïus Marius à Minturne (26). Très-belle ép.

112 — Vénus et Vulcain assis sur un lit, entouré de trois Amours (35). Belle ép.

113 — Cybèle remettant Memnon qui vient de naître (57). Belle composition.

114 — La Calomnie traînant l'Innocence au tribunal de l'Ignorance (64).

115 **Ghisi**. Le Cimetière, nombre de squelettes ressuscitent (69).

116 **Girardet**. Le Champ de Mai. Magnifique ép. avant toute lettre. Toute marge. Eau-forte pure.

117 **Gudin** (T.). Essais à l'eau-forte. 6 p. Marines et titre pour couverture.

118 **H. W.** (Monogramme). Armoirie à la cloche; le heaume est surmonté d'un Polonais tenant sa masse de la main droite et la cloche de la gauche. Belle ép.

119 **Hollar**. Panorama de Londres avant le feu; — Après la destruction par le feu, en 1666. Deux vues en longueur superposées. Pièce curieuse.

120 — La Cathédrale de Strasbourg, 1645. Belle ép.

121 — Diane endormie. Très-belle ép.

122 **I. B.** (Monogramme). Martin Luther (B. 9). — Ph. Melanchton (10). 2 portraits grande marge.

123 — Mars (13). — Vénus (15). — Mercure (16). — Combat de gladiateurs à pied (21). — 4 p.

124 — La Foi (23), Espérance (24), Charité (25), Justice (26), Force (28), Tempérance (29), pièce emblématique, 1529 (30). 7 p.

125 — Le Satyre entre deux dauphins rinceau d'ornement (B. 46). Superbe ép.

126 — La Femme entre deux génies (B. 48) rinceau d'ornement magnifique ép.

127 **Jordaens** (d'ap.). Adoration des bergers, par Marinus, 1er état avant les changements à la figure de la Vierge, etc.

128 — Le prince des prêtres déchirant ses vêtements, par Marinus, 1er état avant le nom.

56

Sol. 3

19 Sol. 16

48 Sol 26 Hen 29

112 Drug 26 Sol 30 Hen 32

5 Drug 16

35 Drug 16

R. 26

Drug 15
Drug 15
Drug 15

D. 6 ? Drug 7

Tab 7. Drug 7

Tab 15 Drug 7. R 10

Tab 20 Drug 7

Drug 7

Tab 15 R 22. 50

129 **Jordaens.** (d'ap.) Le jeune Pan jouant de la flûte, par S. a. Bolswert, 1er état. Très-belle ép.

130 **Jules Romain** (d'ap.). Le Supplice de Régulus mis dans un tonneau hérissé de clous. Magnifique ép.

131 **Larivière** (Ch.). Vierge et Jésus, d'ap. Raphaël; in-4. Sup. ép. avant la lettre, chine.

132 **Lautensack** (H. S.). Jérôme Schurstab. B. 7.

133 — Portrait d'homme à mi-corps, 1554. B. 9.

134 — Portrait d'homme à mi-corps, 1553. B. 11.

135 — Maximilien roi de Bohême, de profil, dans un encadrement orné. B. 14.

136 — Paysage en hauteur avec le saule à gauche. B. 26.

137 — Paysage en largeur, en deux planches jointes. B. 34 et 35.

138 — Paysage en largeur au pont de bois à droite. B. 40.

139 — Paysage en largeur au pont de bois très-long. B. 41.

140 — Jésus baptisé dans le Jourdain. B. 46.

Ces pièces sont de belles épreuves.

141 **Leyden** (Lucas de). Création d'Ève (B. 1). — La Mort d'Abel (B. 6). 2 p.

142 — Les Musiciens (B. 155), dit une des mieux gravées du maître. — La copie contre-partie. Très-belle. 2 p.

143 **Lombart.** Vierge et Jésus sur un trône, d'ap. An. Carrache. Superbe ép.

144 **Mazza.** Les Arts du dessin réunis. Très-belle.

145 **Mercuri**, 1831. Figurines, statuettes antiques, une est coloriée. Sup. pièce extrêmement rare.

146 **Milatz**. Paysage à l'eau-forte. Très-belle ép.

147 **Morin**. Vierge et Jésus, d'ap. Raphaël (RD. 14). — Vierge, d'ap. Titien (15). 2 p.

148 — Paysages (95, 97, 99, 100, 101, 105, 106 et 107). 8 p. Sera divisé.

149 **Natalis**. Vierge, Jésus et saint Jean, d'ap. Séb. Bourdon. Superbe épr., 1er état, avec le sein découvert.

150 **Nicoleto de Modène**. Saint François stigmatisé (B. 27).

151 — Saint Jérôme à genoux (B. 33).

152 ***P. V. L.*** (Monogramme). B. VIII, page 24 (1). Le Maître de la Vigne de l'Evangile. Pièce ronde. Très-belle ép.

153 **Parmesan** (Mazuoli, dit). Sainte Thaïs (B 10).

154 **Pitau**. Sainte Famille, d'après Champagne, 1er état, avant *et ex.*

155 **Poilly**. Saint Bruno soutenu par trois anges. 2 planches différentes, l'une non terminée, l'autre avec des différences.

156 — Mariage de sainte Catherine, d'ap. Mignard. Rare ép., avec la Vierge, Jésus et sainte Catherine au trait.

157 — Nomen Virginis Maria, d'ap. Guido.

158 **Prudhon** (P.-P.). Le jeune garçon et le chien, lithog. originale. épr. d'essai de la plus grande rareté. Au revers, 2 ép. du même en contresens, grande marge.

[illegible] 3

[illegible] 31 [illegible] 15

[illegible] 38 [illegible] 15
[illegible] 19

[illegible] 60

R. 25

[illegible] 1

[illegible] 3

159 **Rembrandt**. La Pièce de cent florins, épr. retouchée par le cap. Baillie. Magnifique ép. sur papier du Japon, grande marge.

160 **Reverdino**. Adoration des bergers. Pièce ronde non décrite.

161 **Ribera**, dit l'Espagnolet. Le Christ descendu de la croix. Belle ép.

162 **Rota** (Martin). Martyre d'un saint, d'ap. Titien.

163 **Rousselet**. L'Arithmétique. — L'Astrologie.— La Dialectique. — La Géométrie. — La Grammaire. — La Musique. — La Rhétorique. 7 p. Femmes en pied, d'ap. Huret. Superbes ép.

164 — Le Printemps. — L'Été. — L'Automne. — L'Hiver. 4 p. Femmes en pied, en costumes, d'ap. Huret. Superbes ép.

165 **Rubens** (d'ap.). Son portrait par Pontius.

166 — Ave gratia plena, Gille Hendrick.

167 — par *Baillin :* Réconciliation de Jacob et d'Esaü.

168 — par *S. a. Bolswert :* Nativité.

169 — Sainte Famille avec l'Agneau.

170 — Dieu le Père soutenant le corps de Jésus.

171 — L'Ascension.

172 — Sainte Barbe vierge et martyre.

173 — Paysages : la Danse. — Le Chariot. 2 p.

174 — Satyres et nymphes revenant de la chasse.

175 — Les Pères de l'Eglise et sainte Claire.

176 — par *Caukercken :* la Charité romaine.

177 — par *Galle :* Titre de Romanæ et Græcæ, antiquités avant toute lettre.

178 — Progné montrant à son époux la tête de son fils.

179 **Rubens** (d'ap.), par *P. de Jode :* la Terre et l'Eau. Ép. avant les noms d'artistes.

180 — par *Lauvers :* Triomphe de la nouvelle loi, en 2 feuilles.

181 — par *Lommelin :* Triomphe de la Charité, en 2 feuilles.

182 — Le Temps qui découvre la Vérité, en 2 feuilles.

183 — Adoration des Mages.

184 — Le Jugement de Paris.

185 — David et Abigaïl.

186 — par *Marinus :* Fuite en Egypte. Epr. avant toute lettre,

187 — La même, avec la lettre.

188 — par *Pontius :* le Christ en croix.

189 — Le Christ près du tombeau.

190 — Thomiris faisant plonger la tête de Cyrus dans un bassin de sang humain.

191 — par *Sompel :* les Filles d'Aglaure, 1er état, avec l'adresse de Soutman.

192 — par *Soutman :* la Cène, d'ap. Léonard de Vinci, 1er état, avec Clément de Jonghe.

193 — par *Suyderoef :* la Chasse au lion.

194 — par *C. Vischer :* le Jugement dernier.

195 — par *Witdouc :* Melchisedech.

196 — Adoration des bergers. Belle ép.

197 — Sainte Famille au mouton.

198 — La Mise au tombeau.

199 — Saint Juste tenant sa tête.

200 — par *Voet :* Charité romaine.

201 — par *Vorsterman :* Adoration de bergers.

202 — Adoration des bergers, en hauteur. Belle ép.

Sol 1.5

R. 5

R. 26

Lapides. 25

203 **Rubens** (d'ap.), Sainte Famille au mouton, 1er état.

204 — Fuite en Égypte.

205 — Saintes Femmes au tombeau.

206 — Saint François d'Assise recevant les stigmates.

207 — par *Wyngaerde :* Orgie de soldats. Sup. ép.

208 **Ruysdaël**. Le petit Pont (B. 1). — Les deux paysans et leur chien (2). 2 p.

209 **Schuppen** (Van). Sainte Famille, d'ap. Bourdon, 1er état, avant les armes, et les vêtements aux enfants.

210 — Angeli ministrant ei. Vierge et Jésus.

211 **Strange**. Cléopâtre, d'ap. Guido Reni. Très-belle ép.

212 **Téniers** (d'ap.). Grande fête flamande. — Le Soir, d'ap. Berghem. 2 p. eauforte pure.

213 **Thomassin**. Les Disciples à Emamüs, d'après Véronèse. Très-belle ép. avant toute lettre.

214 **Umbach**. Sainte Famille. — Assomption. 2 p.

215 **Vallet**. Vierge, Jésus et saint Jean, d'après Carrache.

216 **Vermeulen**. Erigone, d'après le Guide. Ep. avant toute lettre.

217 **Vico** (Enée). Combat des Amazones. B. 14. Pièce ovale. Très-belle, marge.

218 **Weirotter**. Vue de Vernonnet. — Chute d'eau. 2 p. très-belles.

219 Histoire des Peintres de Ch. Blanc : Callot, 2; Cl. Lorrain, 2; Rembrandt, 4; Valentin, 2. — 10 livraisons.

PORTRAITS

220 **Anderloni.** Antonio Canova, in-4. Sup. ép.

221 **Arnoult.** Philippe de France duc d'Anjou, enfant tenant un oiseau. — Charles XI de Suède à cheval, de *Bonnart*. 2 p. Belles.

222 **Aubert.** Saint François de Sales en pied, petit in-fol., d'ap. Huret. Toute marge.

223 **Audran** (B.). J. P. Bignon.—F. Feu.—S. Frisching. — J. Jubé curé. 4 portraits in-fol.

224 **Audran** (J.). Ad. Baillet prêtre de Beauvais.— Cl. Cherrier. — Jean d'Estrées. — J. F. Karg. 4 p. in-8 et petit in-fol.

225 **Balechou.** H. comte de Brühl, in-fol.

226 — Crébillon, in-4. Sup. ép., marg.

227 — Crébillon, in-fol., d'ap. Aved. Très-belle.

228 — Don Philippe d'Espagne, petit in-fol.

229 — J. F. de Salvador, congreg. N.-D.

230 **Barbé.** Vera effigies, Saint Ignace de Loyola. Magnifique ép. in-12. Marge.

231 **Bazin.** R. P. J. Crasset jésuite. — Mme Helyot. 2 p. in-4. Très-belles ép.

232 **Beauvarlet.** Ferd. de Brunswick. — Le marquis de Montpipeau intendant de Tours. 2 p. in-4.

233 **Bernard.** Ch. Louis comte palatin, d'ap. Van Dyck, eau-forte in-fol., 1657.

del 5

del 3,

[illegible]

[illegible] 4

Michel. 3,

[illegible] 3

S. Suz 10. Michel 3.

Walton 15 Michel. 55

Hem 3

[illegible] 30

Hem 5 Sel. 10

Hem. 3.50 Dob 15 <u>Jor 11</u> Michel 5

<u>A. X</u> Dob. 10

<u>A. X</u> Sel 15 [illegible]

Sel. 3

<u>A X</u> Dob. 6 R. 19

234 **Bervic**. Louis XVI en manteau royal, grand in-fol., d'ap. Callet. Superbe ép. avant la déchirure et signée *Bervic*.

235 **Bloemaert**. Vera effigies Thomæ de Kempis ad vivum, en pied, in-fol. Très-belle ép. rare.

236 **Blooteling**. H. Van Bout? manière noire, in-4. Avant toute lettre.

237 **Bois** anonyme très-ancien, *la vera effigie di Filippo prin di Spagna, filio di Carlo Qnto imperator*, in-fol. à cheval. Très-rare.

238 **Bolswert**. Saint Ignace de Loyola. — François Borgia. — Louis de Gonzague. — Alphonse Rodrigues jésuites, 4 port. en pied, in-fol.

239 **Bonnard** (Genre). Mme la comtesse du Roure en habit de bal. Très-belle ép.

240 **Boulanger**. Gustave-Adolphe en pied, in-8. Très-rare. Superbe ép.

241 — Charles Patin médecin, in-8. Magnifique ép. avant toute lettre.

242 **Bouttats**. P. Coton jésuite, confesseur d'Henri IV et Louis XIII, in-4. Rare.

243 **Bouvier**. Arioste, in-4. Toute marge.

244 **Briot**. Georges cardinal d'Amboise, in-4. Rare. Superbe ép.

245 **Burgess**. Ch. Colomb, in-fol. Sup. ép. avant la lettre sur chine, marge.

246 **Calamatta**. Ferdinand-Philippe duc d'Orléans, prince royal, d'ap. *Ingres*, in-fol. Epr. sur chine, très-belle.

247 **Carbonnier**, 1834. Mme la baronne de Montesquieu, lithog. in-fol. chine. Rare.

248 **Cars** (J.-F.). F. de Grammont archev. de Besançon, in-4. — Cardinal de Polignac, in-fol. — Barnabé Turgot, év. de Seez, in-4. 3 p.

249 **Cars** (Laurens). Charles archev. de Cambray. — Séb. Bourdon. — Cardinal Corsinus. — Ph. Orry. 4 p. petit in-fol.

250 **Ceroni.** Mme de Maintenon, d'ap. Petitot. Magnifique ép. in-8, marge in-4.

251 **Chereau**. Blasius III, abbe, in-4. Sup. ép.

252 — Conrad Detleu a Dehn. Sup. ép. in-fol. avant la croix sur la poitrine et au-dessus de l'épée, le titre en 7 lignes, *F. Chereau l'aîné*, marge.

253 — Le même avec les croix, le titre en 5 lignes, les armes changées et agrandies aux dépens du portrait, *gravé à Paris, par F. Chereau I*[er], etc., après Rigaud pinxit, 1728.

254 — Cardinal de Fleury, in-fol., avec la croix pastorale, le titre terminé par Académie française.

255 — Le même, la croix effacée, le titre terminé par Postes, etc.

256 **Chereau.** Largillière, d'ap. lui-même, in-fol. Très-belle ép., marge.

257 — L. A. de Pardaillan de Gondrin duc d'Antin, in-fol.

258 **Crespy**. Louis de France duc de Bourgogne, petit in-fol.

259 — Louis XV jeune, in-4.

260 **Cretey**. *Romanus f.* Louis le Grand. Manière noire, petit in-fol.

261 **Cooper**. Marquis de Vieuville, en pied. Sup. ép. avant la lettre, in-fol. sur chine.

A X Herv. 2.50 Sol. 3 Michel 5

A X

A X Michel 4

Ar X 5 Michel 5

[illegible] Herv. 4 Sol 10 Dilchf. 12 [illegible] 6

262 **Daullé**. H. F. D'Aguesseau, in-4.

263 — Cl. Deshais Gendron médecin, in-fol. Très-belle ép., grande marge.

264 — Guil. de Lamoignon, in-4. Marge.

265 — Em. Pinto grand-maître de Jérusalem, in-4.

266 — Jean Racine, in-4. Sup. ép., marge.

267 — L. J. de Chapt de Rastignac, archev., in-4.

268 **Demarcenay**. Charles V roi de France. Sup. ép. in-8. Le nom d'artiste à la pointe à l'envers, avant la lettre.

269 — Michel de l'Hôpital chancelier, in-8. Sup. ép. avant la lettre, marge.

270 — Marquis de Puységur, ép. avant la figure tout à fait terminée, avant toute lettre.

271 — Le même terminé et avant toute lettre.

272 — Maréchal de Saxe, in-8. Superbe ép. avant toute lettre, marge.

273 — De Thou, in-8, Superbe ép. avant toute lettre, marge.

274 — Turenne, in-8. Sup. ép. avant toute lettre.

275 **Denon**. Barère à la tribune. Très-beau portrait à l'eau-forte. Sup. ép. toute marge, in-fol.

276 **Dickenson**. Miss Stephenson, d'après Peters. Très-belle ép.

277 **Dien**. Charles et Henri, marquis de Sévigné, d'ap. M. de Châteaubourg. 2 p. in-8. Très-belle ép., marge.

278 **Drevet**. Bignon, 1707, in-fol., abbé de Saint-Quentin. — Le même, la tête plus âgée et date effacée. 2 p.

279 — Chr. Carol. marquise de Brandebourg, in-fol.

280 **Drevet.** P. N. Couvay conseiller, in-fol.

281 — Cardinal Dubois, archev. de Cambray, in fol.

282 — Cardinal de Fleury, in-fol. Très-belle ép.

283 — B. H. de Fourcy, abbé de saint Vandrille, in-f°.

284 — Hélène Lambert dame de Motteville, in-fol.

285 — J. Le Blais du Quené baron de Crepon, in-fol.

286 — Claude Le Peletier contrôleur des finances, in-fol.

287 — Mesmes (J. A. de). Avant la dédicace. — Le même, avec la dédicace. 2 p. in-fol.

288 — Alexandre Milon évêque de Valence, in-fol.

289 — Ad. Maurice duc de Noailles, in-fol.

290 — Louis duc d'Orléans, in-4. Avant le nom sur la tablette. Sup. ép.

291 — Antoine Portail, in-fol.

292 — H. Rigaud tenant un porte-crayon. Superbe ép. avant la lettre. Rare.

293 **Dunkarton.** Henri IV mort sur son lit de parade. Ep. avant toute lettre, toute marge, in-fol.

294 **Dupin.** Marie-Thérèse infante d'Espagne, dauphine, en pied, in-4.

295 **Dyck** (Van), *aqua forti.* Erasme.
— Judocus de Momper.
— Guillaume de Vos, terminé par Bolswert.

296 **Dyck** (d'ap. Van), par *P. de Baillue*, Ant. de Bourbon comte de Moret. Superbe ép., marge.
— Honoré d'Urfé, *J. Meyssens excud.*

297 — par *S. A. Bolswert*, A. Van Ertuelt.
— Juste Lipse historiographe.
— Albert d'Aremberg.
— Sébastien Vrancx. Sup. ép.

S. Suez 5

Michel 6

S. Suez 5 Michel. 3.

S. Suez 5

[illegible] à 1. charge

[illegible]

[illegible]

Item

Item

Item

Item

Item

Item 4. Diag. 15

Item

Item

Item

Item

298 — par *W. J. Delphius*, Michel Mirevelt.

299 — par C. Galle, Henriette de Lorraine, avec *J. Meyssens.*

— Marie d'Autriche. Sup. ép. avec *J. Meyssens.*

— Engelbert Taié, chevalier.

— Artus Wolfart peintre.

300 — par *Gaywood*, Mary Lemmon, in-8. Sup. ép.

— Gaspar de Crayer. — L. Van Uden.

— Steenwich. — Gentilescius.

— Maria Ruten femme de Van Dyck.

301 — par *Hondius*. Guil. Hondius. Très-belle ép.

302 — par *P. de Jode*. Béatrix de Cusance, princesse de Cantecroix. Superbe ép., 1er état. *J. Meyssens.*

303 — Eric Dupuis, *Martin van den Enden.*

— Ferdinand d'Autriche, cardinal, 1er état, avec *J. Meyssens.*

— Jean Snellinx, peintre.

— Diodorus Tuldenus.

304 — par *Lauwers*. Lelio Blancatcio, avec *Mart. van den Enden.* — Le même, l'adresse effacée. 2 p.

305 — par *Lommelin*. Ferdinand d'Autriche. *Gillis Hendricx excudit.* Très-belle ép.

— Alexandre et Jean Charles de la Faille. 2 p.

— Jacques Leroy.

— Paul de Vos, peintre.

306 — par *J. de Neefs*. Martin Rychart.

— Antoine de Tassis.

307 — *par Pontius*. Marie, princesse d'Aremberg, 1er état, avec *J. Meyssens.*

308 **Dyck** (d'ap. Van). Charles de Columna.
— Caspar Gevartius, avant *P. du Pont.*
— Marie de Médicis.
— de Gusman, marquis de Leganes.
— Th. de Savoie.
Ces cinq portraits sont avec *Martin van den Enden.*

309 — J. de Breuck, architecte. — G. de Crayer. — Vander Geest. — B. Gerbert. — G. Honthorst. — Ph. le Roy. — Palamèdes. — Ravesteyn. — N. Rockox. — Rombouts. — Scaglia. — Stalbent. — Steenwick. — Vanlonius. — Wildens. — Simon de Vos. 16 p. belles ép.

310 — par *H. Snyers.* Robert palatin, *J. Meyssens.*

311 — par *Vaumans.* Marie de Croy. Superbe ép.
— Emélie de Solms.
— Ant. de Zuniga.
Ces trois p. sont 1er état avec *J. Meyssens.*

312 — par *C. Vischer.* Henderucus du Booys.

313 — par *R. van Voerst.* Son portrait, avec *Martin van den Enden.*
— Christian de Brunswick.

314 — par *Vorsterman.* J. van Milder, avec *G. H.*

315 — Jean, comte de Nassau. Superbe ép.

316 — Gérard Seghers. *M. van den Enden.*

317 — J. de Cachiopin — Callot — Coeberger. — Deodat Delmont — Th. Galle — Gentilescius — P. de Jode — J. van Milder — Moncada — Momper — Fabri de Peiresc — Sachtleven — C. Schut — W. Wilhelmus — C. de Vos. 15 p. belles ép.

S Sieg 5

S. Sieg 10.

318 **Earlom.** Charles-Quint à cheval. Ép. avant toute lettre, toute marge, in-fol. 2 50

319 **Edelinck** (G.). Philippe de Champagne. (R. D. 164). Très-belle ép., 1er état. 27

320 — Nic. Blampignon, curé de Saint-Merry. Ép. avant chez Gaillard. (R. D. 153.) 2 25

321 — J.-B. Michel Colbert, archev. de Toulouse, avec la couleuvre à droite. État inconnu (R. D. 172) entre le 1er et le 2e état. — Le même, 2e état, 2 p. 29

322 — De Blye, président de Tournay. (R. D. 179.) — — Le même, dans une bordure de feuilles de chêne (180). 2 p. 18

323 — Desjardins, sculpteur (182), chez Drevet. 8 50

324 — Ch. d'Hozier, généalogiste (184). 2

325 — César d'Estrées, cardinal (197). 10

326 — N. Feuillet, chanoine de Saint-Cloud (204). 3

327 — André Hameau (221), 1er état avant les vers. 2 50

328 — Isabelle de Bragance, infante de Portugal (160). 3

329 — Grégoire de la Forge, général de l'ordre des Mathurins (231). — Le même personnage (232), 2e état. 2 p. 10

330 — Ch. Maurice Le Tellier, archev. de Reims (245). 4 25

331 — Guil. F., marquis de l'Hospital. In-4 (246). 1 50

332 — J. P. de Lionne (247), avec la dédicace. 5

333 — Th. Alex. Morant, maître des requestes (279). 9

334 — L. A. de Noailles, cardinal (285). 15 50

335 — Ferdinand, évêque de Paderborn (203). 1

336 — Pierre II, roi de Portugal (296). In-4. 3

337 — J. B. Santeuil (311). 1 25

338 — Michel Lepeletier, seign. de Sousy (322). Très-belle ép. marge. 20

339 **Edelinck**, Eustache Teissier, général de l'ordre des Mathurins (325). 1er état.

340 — Portraits tirés des grands hommes de Perrault, Bellièvre, Benserade, Du Vair, La Quintinie, M. Le Tellier, Pelisson, Phelippaux, Quinault, Scevole de Sainte-Marthe. 10 p. in-4. Belles ép.

341 **Ferdinand** (L.). Nicolas Poussin, peintre. Belle ép. in-4.

342 **Fessard**. Dorat, médaillon sur son tombeau entouré d'une Muse, d'Amours et d'attributs dans un encadrement élégant, d'ap. Hoin. Sup. ép. in-4, toute marge.

343 **Ficquet**. Arioste avant toute lettre. Grande marge. — Descartes.

344 — Lamotte Levayer, avant la lettre.

345 — Mme de Maintenon. Sup. ép. Grande marge, papier double.

346 **Fiesinger**. L. Philippe-Joseph, duc d'Orléans. Joli portrait rond en couleur. Très-belle ép. in-8. Marge.

347 **François**, comte de Saint Florentin. In-4. Sup. ép. marge.

348 **Frosne**. Anne d'Autriche. In-4. Belle ép.

349 **Gaillard**. Louise Ulrique de Prusse tenant un flambeau. In-fol.

350 **Galle** (C.). Saint Ferdinand III, roi d'Espagne, en pied, in-fol.—Autre in-4, par Perrey.—S. Philippe de Neri entouré de fleurs et fruits. In-fol. 3 p.

351 — Quatre saints jésuites réunis par le signe. — Les fondateurs de la religion. — Comte d'Olivarès. In-4. 3 p. très-belles.

Suz 10

eb. 2.

Hem 2.50

Hem 2 50

[illegible] 1

[illegible] [illegible]

[illegible] 1.50

352 **Gandolfi**. Pétrarque les mains jointes. Sup. ép. avant toute lettre.

353 **Gautrel**. N. Catharinus. In-8. — P. J. Garnier, jésuite. In-4. 2 p.

354 **Garavaglia**. Boccace. Grand in-8. Avant la lettre toute marge.

355 **Gaucher**. Bossuet avant toute lettre. In-8.

356 **Goulu**. Henri IV en pied, d'ap. *Porbus*. In-fol. Superbe ép. avant toute lettre, grande marge.

357 **Granthome**. Jean, comte palatin, à cheval. In-fol.

358 **Grignon**. P. Barbreau, abbé de Pebrac. In-fol.

359 — A. de Monchy d'Hocquincourt, évêque de Verdun. In-fol.

360 — Ch. de Sainte-Maure, duc de Montausier. In-f°.

361 — César de Vendôme. In-fol.

362 **Guerin** (d'ap.). Andreossi — Bernadotte — Ferino — Gouvion-Saint-Cyr. 4 portraits ovales in-fol. Anc. ép. toute marge.

363 **Gunst**. Step. Blancardus. In-8, avant toute lettre.

364 **Habert**. Dominique — Floriot — Cl. de Sainte-Marthe. 3 p. in-4.

365 **Hainzelman**. Ludovico magno. Statuette assise.

366 **Hall**. Clément IX. In-fol., avant la lettre.

367 **Hopwood**. Molière dans un entourage de Chenavard. Grand in-8. Magnifique ép. Chine, grand papier.

368 **Horthemels**. L'abbé Gaultier. In-fol.

369 **Houbraken**. Louis XV, in-4. — Général Paoli, in-fol. 2 p.

370 **Hulsius**. Christine de Suède. 2 portraits in-4 différents.

371 **Jode** (P. de). Henri IV tenant le sceptre. In-8. — Philippe IV d'Espagne. In-fol.

372 **Johannot**, d'après *Petitot*. Mlle de Fontanges — Mme de Grignan — Mlle de Montpensier — F. M. d'Orléans — Marie-Louise d'Orléans. 5 portraits in-8. Superbes épreuves avant toute lettre, marge in-4. Rares. Pourront être divisées.

373 **Johnson**. Great Lewis of France (Louis XIV). Manière noire in-fol.

374 **Kilian**. Gustave-Adolphe. 3 portraits différents à cheval.

375 **Landry**. Hiérome Ari, prieur. In-fol.

376 **Langlois**. L. H., duc de Villars. In-fol.

377 **Langot**. Et. Chevalier, secrétaire de Charles VII et Louis XI. In-4. Très-belle ép.

378 **Larmessin**. Anne d'Autriche — Charles VI — Dom Robert Morel, bénédictin. 3 p. petit in-fol.

379 **Lasne** (Michel). Isaac de Laffemas — Marcassus, in-4 — Mazarin. in-fol. 3 p.

380 **Lebeau**. Marie-Antoinette de face, avec coiffure à plumes. Médaillon in-8, toute marge.

381 **Le Beau**. Mme la marquise de Pompadour en nymphe. Médaillon orné d'ap. Queverdo, in 8. toute marge.

382 **Leclerc**. La duchesse de Montpensier, d'après *Petitot*. Superbe ép. in-8, avant toute lettre sur Chine. Marge in-4.

7 50

x 5

10

Jan 5.

H. Dob. 5

Dob. 5 MR 5

I. Sen 5

I. [illegible] 5

L. Sez 5
I. Sez 5
[illegible]

383 **Lecomte**. Marguerite de Lorraine, duchesse d'Orléans, d'après *Petitot*. Superbe ép. in-8 avant toute lettre. Marge, in-4.

384 **Le Mire** (N.). Jeanne d'Arc, d'après un ancien tableau de la ville d'Orléans. In-8. Superbe ép. grande marge.

385 **Lenfant**. J. d'Auvergne — J. Lemaistre de Bellejame. — Guil. de Nesmond et autre. 4 p. in-fol.

386 **Lépicié**. Ph. Orry, contrôleur des finances. In-fol.

387 **Leu** (Th. de). Bon de Broé. In-4.

388 — Saint François. In-4 en travers. Titre.

389 — Louis Servin, conseiller avant les trois lignes en haut.

— Le même, avec les trois lignes avant *Mariette*.

— Le même, avec *Mariette ex*. 3 p. in-8.

390 **Lochon**. Cl. Le Prêtre, conseiller.

391 **Lombart**. J. G. de Coulet, président à Toulouse.

392 — G. Chassebras de la Grandmaison.

393 — P. Maissat, conseiller.

394 — Th. Morant, maître des requestes.

395 — Aug. de Servien, abbé.

396 **Lubin** (J.). Maréchal d'Humières. In-fol. avant toute lettre. — Le même avec la lettre. 2 p.

397 — Camus, P. du Puy, Fabri de Peiresc, Godeau, Lemaître, Masson, Pagan, Rossignol, Seguier, Senault, Sirmond, Sponde. 12 p. in-4, grande marge, tirés des Grands Hommes de Perrault.

398 **Lucas de Leyde**. Maximilien Ier. B. 172. Belle copie contre-partie.

399 **Lupton** (T.) Napoléon Ier en pied, d'après Robert Lefèvre. Grand in-fol. Magnique ép. *Proof.* Marge.

400 **Malbeste.** Le colonel Boyer. — Sir Robert Wilson. Deux très-petits portraits à l'eau-forte très-rares. Sup. ép. marge.

401 **Man** (de). Jacobus Crucius, ministre évang.

402 **Mariette** (chez). Mme la duchesse de Foix.
— Mme de Maintenon à genoux.
— Mme la princesse de Savoie (M. Louise Gab.)
— Berçeuse du prince des Asturies.
— Léopold Ier, duc de Lorraine.
— Rouxel de Medavy, gouv. de Dunkerque.
— Maréchal de Tallard.
— Louis, duc de Vendôme.
— Maréchal de Villars.
— François Ier, de Parme et Plaisance.
— Frédéric III, électeur de Brandebourg.
— Joseph Clément, archevêque de Cologne.
Douze portraits en pied, petit in-fol.

403 **Masson.** Marin Cureau de la Chambre, d'après Mignard. Très-belle ép. du 1er état (R. D. 24).

404 — Marie de Lorraine, duchesse de Joinville. (R. D. 32.) Très-belle ép. avant le lapin.

405 — E. Th. de la Tour-d'Auvergne, duc d'Albret, cardinal de Bouillon (R. D. 14).

406 — Frédéric Guillanme (30).

407 — Louis XIV (43). Très-belle ép.

408 — Nicolas de Nicolaï, président de la chambre des Comptes (54).

[illegible] 12 [illegible] 10

[illegible] 3

[illegible] 6

[illegible] 11

[illegible] 8
[illegible] 10

Dreux 20

Germain 6 Jac 8 5 [illegible]

Michel 6

Michel 5
ou
Michel 3

409 **Matham.** Ad. Paw, avant toute lettre.
— Saint François Xavier en pied. In-fol.

410 **Mechelen.** Urbain VIII. In-8. Sup. ép.

411 **Mellan.** Mazarin, cardinal. Très-belle ép. in-fol.

412 **Melini.** Victor Amédée de Savoie.

413 **Mercuri.** Christophe Colomb. Superbe. ép. sur chine avant la bordure; le nom d'artiste à la pointe seulement.

414 — Le même sur chine, avec la bordure et avant la lettre.

415 — Le même, avec la lettre sur blanc.

416 **Miger** (S. C.). Mme Geoffrin. In-4. Superbe ép. avant toute lettre, marge.

417 **Montcornet.** Anne d'Espagne, reine de France, en pied. In-8.
— Charles II de Mantoue.
— Coligny (Gaspard III de).
— Grammont (Antoine de).
— Gustave-Adolphe, roi de Suède.
— Henri IV, roi de France.
— Lamotte-Houdancourt.
— Laporte (Armand et Charles de). 2 p.
— Lorraine (Henri de), comte d'Harcourt.
— Philippe IV, roi d'Espagne.
— Schomberg (Charles de).
Portraits équestres in-4, etc. 12 p.

418 **Morghen** (R.). Mme Morghen. In-8. Superbe ép. avant toute lettre. Marge.

419 — Alfieri. Sup. ép. avant la lettre. In-8, marge.

420 — Le même, lettre grise. Marge. Très-belle ép.

421 — Carlo Goldoni, in-8, lettre grise. Marge in-fol.

422 **Morghen** (R.). Machiavel. In-8, avant la lettre. Marge.

423 — Dante. — Pétrarque. Lettre grise. 2 p. in-4.

424 **Morin**. Bentivoglio, cardinal (R. D. 43), d'après Van Dyck. Belle ép.

425 — Th. Brachet de la Milletière (R. D. 48).

426 — H. de Lorraine Guise, comte d'Eu (57).

427 — Omer Talon (74).

428 — Ch. de Valois d'Angoulême (81).

429 **Moyreau**. F. Leschassier, supérieur de Saint-Sulpice.

430 **Muller**. Jean de Leyde — Knipperdolling. 2 p. petit in fol. Belles ép.

431 **Muller** (Fr.). Calvin. In-fol. avant la lettre, d'ap. Holbein.

432 **Muller** (J.-G.). Louis XVI en manteau royal, d'ap. Duplessis. *Il voulut le bonheur de sa nation et en devint la victime.* Magnifique ép. grand in-fol.

433 **Nanteuil**. Jacques Amelot (R. D. 19). Très-rare.

434 — Anne d'Autriche (22).

435 — Dreux d'Aubray, père de la Brinvilliers (25).

436 — L. de Bailleul (27). 2e des 4 états.

437 — A. Barberin, archevêque de Reims (28).

438 — A. Barberin (29), 2e état.

439 — A. Barberin (30). Très-belle ép.

440 — Jeannot de Bartillat (32). 1er état.

441 — Beaumanoir de Lavardin (35). 1er état.

442 — Bochard de Sarron (42).

443 — F. Bosquet, évêque de Montpellier.

444 — E. Th. de la Tour, duc d'Albret (51). 1er état.

			Henard
Michel	3		Hem
Michel	5	Loriq	Hem
			Hem
			Hem
			Hem
			Hem
		Loriq	Hem
		Loriq	Hem
			Hem
		Loriq	Hem
		Loriq	Hem

Item			
Item	Loriq		
Item	Loriq	Michel	7
Item			
Item	Loriq		
Item	Loriq	Mathon	
Item	Loriq		
Item	Loriq		
Item	Loriq		
Item			
Item	Loriq	Degon...	6
Item			
Item	Loriq		
Item			
Item			
Item			
Item	Loriq	S. Jacq	5
Item			
Item			
Item	Loriq	S. Jacq	5
Item			
Item	Loriq	Dequeul	8
Item	Loriq		
Item	Loriq		
Item	Loriq		

Item	Loriq	Michel	7	La Jacq
Item				La Jacq
Item				

445 — J. Marquis de Castelnau (58). Très-belle ép.

446 — Guy de Chamillard (59).

447 — Chapelain (60). 2e des 4 états. Marge.

448 — Ch. Em. de Savoie (61). Marge.

449 — Charles de Lorraine (63).

450 — L. Denis d'Atticby, évêque (83).

451 — Bernard de la Valette d'Épernon (91).

452 — César d'Estrées, évêque (92).

453 — Hip. Feret, archev. de Paris (95). 1er état.

454 — G. de Fieubet (96).

455 — Basile Fouquet. 1er état non décrit avant 1660 (97).

456 — Melchior de Gillier (102).

457 — Pierre Jeannin (112).

458 — Marin Cureau de la Chambre (116).

459 — P. Lallemant (117). 1er état.

460 — Guil. de Lamoignon (120).

461 — L. Phelippeau de la Vrillière (123), avant dernier état.

462 — Michel Letellier (128).

463 — Le même (130).

464 — Le même (132).

465 — Ch. Maurice de Letellier (140).

466 — De Ligny, évêque (145).

467 — J. Paul de Lyonne (147). 1er état.

468 — Lotin de Charny (151). Avant dernier état.

469 — Longueil, marquis de Maison (166). 3e des 5 états.

470 — Mazarin, cardinal (184). 1er état.

471 — J. A. de Mesmes (192). 1er état.

472 — Edouard Molé (193).

473 **Nanteuil**. H. de Lorraine, marquis de Mouy (197). 1er état, rare.

474 — Henri de Savoie, archevêque de Reims (199). 1er état, rare.

475 — F. de Nesmond, évêque de Bayeux (202). 2e état. — Le même, 4e état. 2 p.

476 — N. Potier de Novion (207).

477 — Payen des Landes (210).

478 — Hardouin de Peréfixe (211). 1er état. — Le même, 2e des 4 états. 2 p.

479 — H. de Peréfixe (213).

480 — Pierre Poncet (215).

481 — J.-F. Sarrasin (220).

482 — Georges Scudéry (221). 1er état.

483 — F. Servien, évêque de Bayeux (225), avant-dernier état.

484 — Louis de Suze (227). 1er état.

485 — Denis Talon (228).

486 — Claude Thevenin (231). 2e des 4 états.

487 **Pannier**, d'ap. *Edelinck*. Racine. In-8. Magnifique ép. sur Chine, grand papier.

488 **Pas** (C. de). André Doria. In-8. Sup. ép. par Anderloni, avant toute lettre. 2 p.

489 — Nicolas Tribolet de Perigny. In-4.

490 **Pass** (Simon de). Gérard Mercator. Petite pièce en ovale. Magnifique ép. très-rare.

491 **Pauquet**. Nicolas Ier, avant la lettre. — Alexandre II. — Abdul-Medjid. — Clovis. — Louis XI. — Louis XVI. — Bonaparte consul. 7 p. en pied. Chine.

[illegible]

[illegible]

[illegible]

[illegible]
[illegible]
[illegible]

[illegible]
[illegible]
[illegible]
[illegible]
[illegible]

[illegible]
[illegible]
[illegible]

…chand. [illegible]

… 9 chef. [illegible]

[illegible] 5

[illegible] 3

[illegible] 1.50 [illegible] 5

492 — Napoléon III, assis. — La princesse Mathilde. 2 sup. ép. chine, avant la lettre, toute marge.

493 **Petit**. J. Delpech marquis de Mereville.

494 — A. J. de Rohan archev. de Reims.

495 **Picart** (Et.). B. de la Guiche comte de Saint-Geran. — P. Loisel. — J. de Ponssemotte de Lestoille. — F. Tallemant abbé de Valchrétien. 4 p. petit in-fol.

496 **Pitau**. Sim. d'Albizi dominicain. In-4.

497 — Alexandre VII pape. In-fol.

498 — Th. Bignon, maître des requestes.

499 — H. de Lorraine marquis de Moy.

500 — G. de Daillon du Lude év. d'Albe.

501 — H. L. Habert de Montmor.

502 — Mat. de Morgues aumônier de la reine.

503 — Alexandre Petau conseiller.

504 — Benj. Priolus chev. vénitien.

505 — Denis Sanguin év. de Senlis.

506 — Voysin prévôt des marchands.

507 **Poilly**. Bignon conseiller.

508 — P. Lemoine jésuite.

509 — Louis XIV. Entourage allégorique.

510 — N. Edouard Olier conseiller.

511 — Orléans, Monsieur frère du roi.

512 **Pontius**. Christine de Suède, couronnée par Apollon et Minerve.

513 **Reynolds** (W.). Le général Andreossi en pied, assis, d'ap. Smith, 1803, grand in-fol. Sup. ép. *First Fifty*.

514 **Rogers** (Will.). Henri IV debout en manteau du Saint-Esprit, sous un portique orné, petit in-fol. Très-rare.

515 **Rota** (Martin). Maximilien II. — Rodolphe II. — Rodolphe II sur son lit de parade, par Salsman. 3 p.

516 **Roullet**. J. Chaillou de Thoisy.

517 — J. Delpech conseiller.

518 — Cam. Letellier abbé de Louvois.

519 — Cath. Touchelée femme Leriche.

520 **Sadeler** (Eg.). Matthias empereur et sa femme Anne. 2 p. grand in-4.

521 **Saint-Aubin** (Aug. de). Louise Emilie baronne de..... — Adrienne Sophie marquise de..... 2 gracieux portraits de femme *ad vivum*. Magnifiques épreuves, toute marge.

522 — Glück musicien. Joli petit profil, d'après la cire de *Krafft*, médaillon entouré de chênes et de lauriers. Superbe ép. marge, in-4.

523 — Sophie Lecouteulx du Moley, d'ap. Cochin, in-4. Très-belle ép.

524 — Jeliotte de l'Académie royale de musique. In-4, d'ap. Cochin, marge. Superbe ép.

525 — Mancini Nivernois, né en 1716, in-8, toute marge. Superbe ép., rare.

526 — Marc-René de Montalembert, in-4, d'ap. de *Latour*. Très-belle ép.

527 — Le duc d'Orléans amateur de médailles, d'ap. *Cochin*. Très-belle ép., marge.

528 — Voltaire, Labeaumelle, Fréron, titre du Commentaire sur la Henriade. Sup. ép. avant la bordure effacée.

[illegible] 12 50

Robertz 10

[illegible] 45 [illegible] 100 Dob 103 [illegible] 65 [illegible]

[illegible] 5 [illegible] 5

[illegible] Michel 3 Dob 8

[illegible] [illegible] [illegible] [illegible]
[illegible] Nolock [illegible]

S. Jug. 10
[illegible] 14

Haw. 5

[illegible] 1

529 — Amelot, in-4. — Crébillon, in-4, marge. — Necker, in-fol. 3 p.

530 — Bosquillon. — G.-J. de Lépine. — Lorry. — Worlock. 4 portraits de Médecins.

531 **Savart**. J.-B. Colbert, in-8. Belle ép.

532 **Say**. Napoléon pendant les Cent-Jours, en grand costume, assis sur le trône, d'après Goubaud. Magnifique ép. avant toute lettre, grand in-fol., rare.

533 **Schenck** Mlle de Chartres. — La comtesse de Koningsmark. 2 p. en pieds.

534 **Schmidt** (G.-F.), Samuel baron de Cocceji. — Frédéric de Gorne. 2 p. in-fol.

535 — L.-A. de Brand baronne de Grapendorf.

536 — L. de la Tour comte d'Evreux. Très-belle ép.

537 — F. le Chambrier maire de Neufchâtel.

538 — Philippe V roi d'Espagne.

539 — C.-G. de Tubieres de Caylus, év. d'Auxerre.

540 **Schuppen** (Van). Alexandre VII pape.

541 — Ch. d'Anglure de Bourlemont archevêque de Toulouse.

542 — J.-F. Borri chimiste de Milan.

543 — P.-J. de Braux baron de Champagne.

544 — A. Chassé prieur de Saint-Vaast d'Arras.

545 — Michel Colbert de Prémontré.

546 — H. Godet sieur des Bordes auditeur.

547 — G. de Harouis de la Seilleraye.

548 — J. Hindret, in-8. Belle ép.

549 — Ch. de Houel baron de Morainville.

550 — P.-A. Langlois maître d'hôtel du roi.

551 — De la Reynie maître des requestes.

552 **Schuppen** (Van). N. Le Camus.

553 — Ch. Maurice Letellier.

554 — Louis Grand Dauphin.

555 — Mazarin avec quatre emblèmes. Sup. ép.

556 — P. de Monchy de l'Oratoire.

557 — Philibert et Charles marquis de Nerestang. 2 p. in-4.

558 — F. de Nesmond évêque de Bayeux.

559 — P. Séguier dirigé à droite.

560 — P. Séguier plus âgé dirigé à gauche.

561 **Seupel.** N. Bouton de Chamilly gouverneur de Strasbourg. In-4.

562 **Simonneau.** Louis XIV, médaillon soutenu par Mercure au-dessus de l'Histoire. Sup. ép.

563 **Skelton.** J.-François Lamarche évêque et comte de Léon assis en pied, d'après Danloux. grand in-fol.

564 **Smith.** Charles III d'Espagne. — Eugène de Savoie. 2 p. petit in-fol., manière noire.

565 **Sompel.** Marie de Médicis, d'ap. Van Dyck.

566 — Ferdinand frère de Philippe IV.

567 — Adolphe de Nassau entouré d'Amours.

568 — Charles-Quint. — Matthias Ier. — Maximilien II. Rodolphe I. 4 p. in-fol.

569 **Stockius.** Erasme, in-4. Belle ép.

570 **Stuerhelt.** Cardinal Mazarin. In-4.

571 **Suyderhoef.** Charles le Belliqueux duc de Bourgogne. Sup. ép. in-fol.

572 — Philippe II roi d'Espagne. Sup. ép. in-fol.

Michel 5

Hen 3. Jo. I Michel 5

A. X Gigoux 12

Henri 3

Henri 3

Henri 4

Henri. 3

Henri 2

Jo. I. S. Luez 10.

573 **Tardieu** (Nic.). L.-A. de Pardaillan de Gondrin duc d'Antin.

Le même, par *Chereau*. 2 p. in-fol.

574 **Thomassin**. Charles XII. — Frédéric III. — Louis de Bade. 3 médaillons.

575 **Trouvain** (Chez). Madame la marquise Dangeau à sa toilette. Belle ép.

576 **Turner**. Louis XVIII. — Duc et duchesse d'Angoulême. 3 p. grand in-4, avant toute lettre, toute marge.

577 — Henri IV. — Maximilien Ier, 2 portraits équestres avant toute lettre, toute marge.

578 **Turner** (Ch.). Charles X en pied, d'ap. *Lawrence*. Magnifique ép. in-fol. avant la lettre, toute marge.

579 **Trouvain** (Chez). Mme la princesse de Conti douairière.

580 — Mme la princesse d'Epinay.

581 — Mme de Soissons en robe de chambre. 3 portraits en pieds, petit in-fol.

582 **Valck**. Louis XIV, in-fol. Superbe.

583 — Ortance Manchini duchesse de Mazarin, in-4. Très-belle ép.

584 **Valck**, *ex.*, etc. Marquise de Richelieu.

585 — Maréchal de Villeroy. Manière noire.

586 — Eléonore, Magdeleine Thérèse impératrice. Ces 3 portraits en pied, petit in-fol.

587 **Valdor**. Cardinal Bellarmin, in-8. Superbe ép. avec marge.

588 **Vangelisty**. Ch. Gravier comte de Vergennes. Très-beau portrait grand in-fol., d'ap. *Callet*.

589 **Vermeulen**. La Quintinie, in-4. — Lefevre de Caumartin. 2 p.

590 — Magalotti gouverneur de Valenciennes.

591 — Maximilien-Emmanuel électeur.

592 — J.-A. de Mesmes comte d'Avaux.

593 — L.-A. de Noailles archev. de Paris.

594 — J. Roettiers graveur des monnaies.

595 **Villamena**. Cardinal Bellarmin, in-4. — Clément VIII entouré de scènes, in-fol, 2 p.

596 **Violet**. Louis Charton manufacturier et membre de la commune de 1789. Rare.

597 **Visscher**. Alexandre VII. — Anne d'Autriche. 2 p. in-fol.

598 **Vorsterman**. Erasme, in-4. Très-belle ép.

599 **Wierix** (Ant.). Ernest archiduc d'Autriche. In-4.

600 — Robert cardinal Bellarmin, in-8. Superbe ép., marge.

601 — Clément VIII. Belle ép.

602 — Ph.-Em. de Lorraine duc de Mercœur.

603 **Wierix** (Hier.). Claude Aquaviva, jésuite. In-8.

604 — Charles magne en pied, in-8. Belle ép.

605 — Alexandre Farnèse. Très-belle ép.

606 — Grégoire XIV, in-8. Très-belle ép.

607 — Saint Ignace de Loyola. Superbe ép., marge.

608 **Worlidge** (Th.). Mahomet marchand turc. — Hamet son compagnon échappé avec lui. 2 p.

[illegible]

[illegible] 2

[illegible] 2

[illegible] 2.50
[illegible] 2.50

Tab 8. Fol. 3

PORTRAITS CLASSÉS PAR NOMS DE PERSONNAGES

609 ***Anna.*** Maria Mauritia Austriaca uxor Ludovici XIII. in-8. Rare.

610 ***Bourgoin*** (Mlle). Théâtre Français, petit ovale, par *Roy*. — In-4, par *Bertonnier*, avant la lettre. 2 port. d'ap. Sicardi.

611 ***Charette.*** Dessiné après son arrivée à Nantes, le 7 où il était fusillé le 9 germinal; in-4, toute marge. Très-rare.

612 ***Charlotte de Galles.*** Charmant port. ovale, in-8, avant toute lettres, toute marge.

613 ***Charles-Quint.*** D'ap. Titien et Rubens, in-fol.

614 ***Charles XI*** de Suède, in-fol avant toute lettres.

615 ***Christian VII*** de Danemarck, in-fol. Manière noire, avant toute lettre.

616 ***Clément IX.*** Petit in-fol. Sup.

617 ***Clément X***, porté en cérémonie, entouré de dix sujets de son histoire. gr. in-fol.

618 ***Flamel*** (Nicolas) et Perrenelle sa femme. Abraham, et autres Figures de lui. — Son portrait par Moncornet, et de la Col. de Frid. Roth. 3 p. très-rares.

619 ***François Ier*** de France, à cheval. Belle ép. colorié, in-fol.

620 ***Henri de Bourbon,*** Roi, né de Bonheur, in-8. Rare. — Henri IV par *Tardieu*, in-4, marge. 2 p.

621 ***Henri IV*** à cheval. — Sur son lit de parade, 2 p. in-fol. en manière noire, avant toute lettre.

622 **Isabelle**-Claire-Eugénie. Titre avant toute lettre, in-4, marge.

623 **Jacques Clément,** assassin d'Henri III, in-4. Rare, marge.

624 **Lafayette**, major de la Fédération. Charmant petit portrait rond en couleur.

625 **Louis XII** à genoux. — Anne de Bretagne. — John duc de Bretagne. 3 p. gr. in-8.

626 Le crieur de Versailles. — L'habit usurpé. — La nouvelle de la Bataille de Doyne et autre. 4 p. Charges sur Louis XIV.

627 **Louis**, grand Dauphin. Manière noire, in-4, sur satin.

628 **Louis XV** en manteau, en pied, in-4, avant toute lettre.

629 **Maillard** (Mlle), de l'Académie royale de musique, profil en couleur dans un ovale, in-8. Très-belle ép.

630 **Maintenon** (Mme de), en costume avec voile noir, allant à l'église, genre Bonnart. Très-belle ép.

631 **Maximilien**-Emmanuel de Bavière, in-4. Ep. avant toute lettre, et avant les emblèmes dans les ronds.

632 **Meurs** (Henri), petit in-fol. avant toute lettre.

633 **Orléans** (Louis d'), insigne ligueur, 1606, in-4. Très-belle ép., genre de Wierix.

634 **Puget de la Serre,** en pied. Petit in-fol. Rare.

635 **Savoie** (Eugène de). In-fol. avant toute lettre.

La chapelle
Vicomté : 50

Drug 35

636 **Witt** (Jean de). In-4, manière noire, avant la lettre. — Corneille et Jean de chaque côté d'une vue, et texte hollandais, 3 p.

637 Portraits modernes, in-4 : Daguesseau. — Anne d'Autriche. — Arioste. — Comte de Brienne. — Charles de Bourbon. — P. Corneille. — Fénelon. — Henri IV. — L'Épée. — L'Hôpital. — Marguerite sœur de Jacques 1er. — Moreau. — Turgot. — Vauban. — Visconti. 15 p. la plupart chine, avant la lettre et grande marge.

638 Portraits divers. Ecclésiastiques et autres, de l'in-4° à l'in-fol. 20 p.

639 Galerie Française : Portraits de célébrités, vol. de 20 p. avec texte. Paris, 1771.

PIÈCES HISTORIQUES & VUES

640 **Anonyme.** Vue et perspective du Pont-Neuf de Paris, goût de Rom. de Hooghe.

641 — Élévation et décoration de la grande salle du bal, nombreux costumes.

642 **Anonyme.** L'empereur Paul 1ee visitant Kosciusko. — Paul Ier remettant un sabre d'honneur à Kosciusko. 2 p. grand in-fol., magnifiques ép. avant toute lettre, marge.

643 **Barrière** (Dom). Place Navone à Rome, en 1650 du Jubilé; Réjouissances religieuses faites par les Espagnols.

644 **Benoîst** et **Jacottet.** Vues de Paris, coloriées imitant l'aquarelle. 19 p. montées en dessin.

645 **Bertault.** 1786. Vues intérieures de Paris, prise du milieu du Pont-Neuf. 3 p., d'ap. Lespinasse.

646 **Bosse** (A). Urbain VIII bénissant des religieux agenouillés.

647 **Bouttats.** Abjuration de Michel Molinos chez des quiétistes, avec son portrait au bas et texte explicatif en français, gr. in-fol., rare.

648 **Chodowiecki** (d'ap.). Frédéric II faisant asseoir le général Zieten, scène historique par Sayer.

649 **Firens** *fecit* (P.). Henri IV guérissant les écrouelles. Superbe ép. avant *excudit* et *Cum privilegio Regis*. Rare.

650 **Fokke** *ad vivum del et fecit*, 1768. Loge royale et intérieur du Théâtre pendant la représentation — et Festin royal à Amsterdam. 2 p. Sup. ép.

651 **Helman.** Journée du 21 janvier 1793. Mort de Louis Capet, d'après Monnet. Ancienne et très-belle ép., grande marge.

652 **Jeaurat**, 1731. Cérémonie du Mariage de Louis XIV et Marie-Thérèse, d'ap. *Le Brun.*

653 **Le Bas.** Vue du Pont-Neuf. Petite pièce rare, belle ép.

654 **Machy.** Déclaration des droits de l'homme.

655 **Né** et autres. Arcueil, Enghien, Sceaux, Saint-Denis, Pontoise, Clermont en Beauvoisis, Charenton, etc. 12 vues sur 9 feuilles, plusieurs avant la lettre, toute marge.

656 **Pass** (d'ap. S. de.). Christian IV de Suède, recevant un chevalier. Très-belle pièce avec grand nombre de figures, texte allemand.

90

Tab. 85

18.

3 Tab. 12.

Tab. 19

Dob. 1[illegible]

Hen 5

Hen 8

[illegible] 2[illegible]

A x Xavier 15

A x Hen 15 Dob 20

657 **Poilly** (De). Louis XV tenant sont lit de Justice pour la première fois en 1715, d'après Delamonce. Très-belle ép. d'une superbe pièce historique avec les noms de tous les personnages.

658 **Rigaud**. Vues de Paris : les Tuileries, Fontainebleau, Meudon, Luxembourg, Chantilly, Sceaux. 24 p. anciennes et superbes ép. avec adresse chez l'auteur, vol. oblong., d.-rel.

659 — Vues de la ville de Paris : Pont-Royal, Hôtel de Ville, Pont-Neuf, et autres, Versailles, Saint-Cyr, Clagny, Marly, Vincennes, Choisy, Saint-Germain-en-Laye, Monceaux. Chambord. 50 p. anciennes et superbes ép. avec adresse chez l'auteur, vol. oblong, d.-rel.

660 **Simonet**. Massacre de la garde nationale de Montauban, 1790. Sup. ép., toute marge.

661 **Smith** *excudit*. Fêtes et cérémonies à Amsterdam, lancement d'un navire, bal, festin, illumination, assemblée, théâtre, réception, etc., pour le mariage de Guillaume V, et Fréd. Sophie de Prusse en 1768, par Fokke et Vinkeles. 15 p. in fol., toute marge.

662 **Turner** (Ch.). La revue de quintidi ou de la garde consulaire, d'ap. Masquerier. Superbe ép. d'une pièce magnifique.

663 Prise de la ville et château de Namur en 1692. Magnifique pièce, partie supérieure d'un almanach. On remarque Louis XIV, donnant ses ordres à M. le comte de Fiesque, en présence de Mgr le duc d'Orléans, le duc de Bouillon, le grand Dauphin, le duc de Duras, et le comte de Toulouse; ces personnages sont très-ressemblants et fort bien gravés. Superbe ép.

664 Vues des Tuileries, illuminations du Pont Notre-Dame, acqueduc d'Arcueil, château de Cachan, maison du prince de Conti à Issy. 5 p. coloriées chez Basset et autres.

665 — Procession des Etats généraux, 1789. Coloriées chez Basset.

666 — Mariage de Marie-Antoinette à Versailles, en 1770. Pièce du temps coloriée, chez Basset.

667 **Vignettes**. Bonaparte à Arcole, à Toulon, à Jaffa, au tombeau de Frédéric, à Eylau, honneur au courage, adieu de Fontainebleau, son portrait. 8 p. Superbes ép. sur Chine, grand papier.

ÉCOLES DU XVIIIe SIÈCLE

668 **Anonyme**. Le commissaire faisant tondre les filles débauchées. Pièce curieuse sur les mœurs de l'époque.

669 — Le singe à la mode, dédié aux petits maîtres français; il a manchon et parasol. Charge curieuse. Très-belle ép.

670 — Les nouvellistes, types de l'époque. Pièce curieuse et rare.

671 **Aubry** (d'ap.). L'heureuse nouvelle, par *Simonet*. Superbe ép. avant les armes et avant toute lettre, avec de légères retouches au blanc.

672 **Baudouin** (d'ap.). Le lever, par *Massard*, 1771. Ravissante composition de chambre à coucher. Très belle ép., toute marge.

673 — La toilette, par *Ponce*, 1771. Superbe ép., toute marge.

30 Herzog 15 Dob 20

Herzog 15 Dob 20

Michel 10

Dob. [illegible]

Dob 4[illegible] Hizig 40

Gesenius 27 Michel 20

Michel 10

Dob 11

674 — La nuit, scène au clair de lune. Ép. avant toute lettre.

675 — La sentinelle en défaut, par *Delaunay*. Très-belle ép. d'eau-forte pure, avant toute lettre, toute marge.

676 — Le coucher de la mariée, par *Moreau* le jeune et *Simonet*, Intérieur de chambre à coucher, avec riche ameublement. Belle ép.

677 — Le danger du tête à tête, par *Simonet*. Magnifique ép. avant toute lettre, toute marge.

678 — Le modèle honnête, par *Simonet*. Magnifique ép. avant toute lettre, grande marge.

679 **Beauvarlet**. Le collin-maillard, d'ap. *Boucher*. La bascule, d'ap. *Fragonard*. 2 p. eaux-fortes pures. Magnifiques ép., grandes marges avec les inscriptions manuscrites.

680 **Boucher** (d'ap.). L'amour désarmé, par *Fessard*. Belle ép., marge.

681 — Le pasteur galant, par *Laurent*. Belle ép., marge.

682 — Pense-t-il au raisin? par *Le Bas*. Sup. ép., grande marge.

683 — La fontaine. — Le berger. 2 p. par *Pelletier*. Très-belles ép., toute marge.

684 — Les amans surpris. — L'agréable leçon. 2 charmantes pastorales, par *Gaillard*. Superbes ép., toute marge.

685 **Canaletti** (d'ap.)., 1751. Vues du jardin du Vauxhall. 3 p. avec costumes de l'époque.

686 **Challe** (d'ap.). La mort de Cléopâtre. — La mort de Didon. 2 p. Sup. ép., grande marge.

687 **Chardin** (d'ap.). L'ouvrière en tapisserie, par *J. Flipart*, en 1757. Très-belle ép.

688 — La fillette de bon appétit; Paris, chez Basset. Ép., toute marge.

689 — La jeune fille au volant, chez *Gentot*.

690 — Jeune dame cachetant une lettre. Épreuve, marge.

691 — L'antiquaire, par *Surugue*, 1743. Singe admirant une médaille. Très-belle ép.

692 — Les tours de cartes, par *Surugue* fils, 1744. Très-belle marge.

693 — Le château de cartes, par *Lépicié*. Très-belle ép., toute marge.

694 — Les osselets, par *Filleul*.

695 — La gouvernante, par *Lepicié*, 1739. Sup. ép., grande marge.

696 **Chereau** d'ap. *De Troy*. Très-jolie dame prenant son café. Superbe ép.

697 **Coqueret**. Vue de la galerie du Palais-Royal à Paris, d'ap. *Garbizza*. Très belle ép. d'une pièce curieuse pour les costumes de l'époque, marge.

698 **Coypel**. Satyre terrassé par deux Amours. Charmante eau-forte de maître.

699 **Coypel** (d'ap. Ch.). Pyrame et Thisbé, par *Desplaces*. Très-belle ép., marge.

700 **Daullé**. La ribotteuse hollandaise, d'ap. *Metzu*. Magnifique ép. avant toute lettre, grande marge.

701 **Debucourt**. L'orange ou le moderne jugement de Pâris. Charmante pièce. Superbe ép.

702 — Les courses du matin ou la porte d'un riche, an 13. (1805). Très belle ép., marge.

[illegible] 18

[illegible] Capt. 18.

[illegible]
Capt. [illegible]

[illegible] Dab 22

Michel 18

		Dob	9	Michel	18	F.	
				Michel	4	F	
						B	13
Dob	43	Michel	8	[illegible]	20	F	
Doi	43	Michel	8	[illegible]	20	F	

[illegible] 10

703 — Les galants surannés ou les petits papas à la mode. Sup. ép , marge.

704 — Le gourmand, in-fol. ovale, en travers.

705 — La croisée. Charmante composition sur l'amour filial.

706 — La jeune femme, 1807. — L'innocente du jour, 1810. Superbes ép. 2 p. Charmantes compositions.

707 — La femme et le mari, Fructidor 1803, ou les époux à la mode. — La coquette et ses filles ou la mère à la mode, 1803. Superbes ép. 2 p. Charmantes compositions.

708 **Delaunay**. Le four à chaux, d'ap. Loutherbourg. Superbe ép., marge.

709 **Duflos** (Cl.). Pélerins de l'Isle de Cithère. Petite p.

710 **Esnauts** et **Rapilly** (Chez). Coiffures, bonnets, poufs et chapeaux. 16 têtes sur la même feuille.

711 **Fortier**, *sculp.* Le café politique, types curieux de l'époque.

712 **Fragonard**. L'armoire. G[illegible] et belle pièce capitale du maître, à l'eau-fo[illegible]

713 **Fragonard** (d'ap.). La bonne mère, par *De Launay*. Sup. ép., marge.

714 **Freudeberg** (d'ap.). La toilette, par *Voyez* l'aîné, 1774. Très belle ép., marge.

715 — Le bain, par *Romanet*. Superbe ép. avant la lettre, le cartouche blanc.

716 — La visite inattendue, par *Voyez* l'aîné, 1774. Ép., toute marge.

717 **Greuze** (d'ap.). Le fermier brûlé, fac-simile de dessin au bistre; toute marge.

718 **Greuze.** Le ramoneur, par *Voyez*. Superbe ép., grande marge.

719 — Ah! madame! vous la voyez? Jolie petite pièce par *Moreau* le jeune. Ép. avant la lettre.

720 — Jeune tricoteuse endormie. — La peloteuse avec son chat. 2. p. très-belles.

721 — La privation sensible, le départ de la nourrice qui emmène l'enfant, par *Simonet*, 1780. Superbe ép., lettre grise, toute marge.

722 — Jeune fille regardant deux tourterelles. Magnifique épreuve, avant toute lettre, marge.

723 — La petite fille au carlin, par *Porporati*. Superbe ép. avec l'adresse rue Thibautodé.

724 **Hogarth.** An election entairtainement plate, 1. — Canvassing for votes plate, 11. — The Polling, plate, 111. — Chairing the Members plate, 4. — 4 p. très-curieuses; très-belles ép.

725 **Huet** (d'après). La Fidélité, portrait d'Inès, dédié à Madame de Pompadour, par *Fessard* et *Saint-Aubin*. Très-belle.

726 **Hurard** (Mlle Céleste), 1787. Sujets villageois. 2. p. à l'eau-forte.

727 **Lancret** (d'ap.). Le jeu de cache-cache mitoulas, par de *Larmessin*. Belle ép., marge.

728 — Conversation galante. Superbe ép., par *Le Bas*, toute marge.

729 — L'Été, seize jeunes filles prenant le plaisir du bain. Charmante composition à l'eau-forte, avant toute lettre. Très-rare.

730 — Galant jouant de la flûte près de dames. Eau-forte pure avant toute lettre.

Capder

Dob 25 Capder

Pell 10

Dob 12

Michel 32

Dob. 24

Dob. 20

~~Herzog 15~~

E. Gimet 11 Dob. 41 ~~Herzog 11~~

731 **Lavreince** (D'ap.). La Marchande à la toilette par *Vidal*. Joli intérieur. Très belle ép. d'eau-forte pure avant toute lettre.

732 — La Balançoire mystérieuse, par *Vidal*, ép. avant le flot.

733 — Les Nymphes scrupuleuses, ép. avant toute lettre et avant la guirlande.

734 — L'heureux Moment, par *Delaunay*. Joli intérieur de Boudoir.

735 — Le Lever des Ouvrières en modes, par *Dequevauviller*.

736 — L'École de Danse, par *Dequevauviller*. Très-belle ép., marge.

737 — Le Lever des Ouvrières en modes, réduction in-4, en contre-partie, en bistre.

738 **Lemoine**. (D'ap.). Iris prête à entrer dans l'eau. Superbe ép. avant toute lettre, belle marge.

739 **Lepeintre**. (D'ap.). La Cage symbolique, par *Fessard*. Superbe ép. avant la dédicace, toute marge.

740 **Moreau** (D'ap. L.-G.). Le Pont chinois, la Chute d'eau, 2 p. par *Elis Saugrain*.

741 **Moreau** le jeune (D'ap.). Déclaration de la grossesse, par *Martini*. Sup. ép., toute marge, avec A.-P.-D.-R.

742 — L'Accord parfait, par *Helman*. Superbe ép., toute marge, avec A.-P.-D.-R.

743 — Couronnement de Voltaire sur le Théâtre-Français, par *Gaucher*. Très-belle ép., adresse chez l'auteur, toute marge.

744 **Moreau** le jeune (D'ap.). Les Vœux accomplis, allégorie relative au retablissement de la Comtesse d'Artois. Sup. ép., par *Simonet*, avant toutes lettres, les armes et les noms d'artistes à la pointe seulement, grande marge.

745 — Henri IV chez le Meunier, par *Simonet*. Superbe ép. avant toute lettre, avec de legères retouches au pinceau.

746 — Tullie ordonne que son char passe sur le corps de son père, par *Simonet*. Sup. ép , toute marge.

747 **Mouchet** (D'ap.). Le Réveil importun. Sujet gracieux, ovale, par *Darcis*.

748 **Pillement** (D'ap.). La Gazette de Londres, par *Ravenet*.

749 **Queverdo**. La Leçon inutile, d'ap. *Leprince*. — Pensent-ils au Raisin, d'ap. *Boucher*. 2 p., très-belles ép. d'eau-forte pure.

750 **Reynolds** (D'ap. J.). Cornélie et ses enfants, par *Vilkin*. Sup. ép., marge.

751 **Saint-Aubin** (Ch. Germain de). Premier Essai de Papilloneries humaines. (P. de Baudicourt I.) Titre 2e état. — Le Bain (2). — Le Bateleur (3). 3 p. très-belles et très-rares.

752 **Saint-Aubin** (D'ap. Aug. de). Ballet dansé à l'Opéra dans le *Carnaval du Parnasse*.—La Guinguette, divertissement pantomime du Théâtre Italien. 2 p. par *Le Bas*. Superbes. ép., marge.

753 — Le Bal paré. — Le Concert, par *Duclos*. Ces 2 p. rares sont ce qu'il y a de plus complet pour les costumes élégants et l'intérieur. Chez Chereau.

Michel 8

Michel 25

Michel 25 Baudienne 31,50

Michel 45 Dob. 41, Gonne 37

Dob 5

MR 35 Dob. 42 [illegible] Nr. 28

Michel 15

754 **Scheneau** (D'ap.). La Lanterne magique, scène familière par *Ouvrier*. Très-belle ép.

755 **Troost** (D'ap.). Corps de Garde des officiers hollandais.

756 — Les Noces de Clorus et Rosette, par *Tanjé*. Très-belle.

757 **Vanloo** (D'ap.). Descente de Croix, par *Charpentier*. En bistre, toute marge. — Grande Étude de Satyre, aux trois crayons, par *Demarteau*, 2 p.

758 — La Comédie. Eau-forte pure.

759 **Vinkeles.** Auditoire. — Salle de Physique dans l'édifice de la Société Félix Méritis. 2 p.

760 — Salle de Concert de la même Société. Avant la lettre.

761 **Vinkeles** (R.), *ad vivum delin*, *1764*, *et sculp. 1768*. L'Académie de Dessin. Sup. ép.

762 **Voysard,** d'ap. *Desrais*. Promenade du Boulevart Italien. 1797. Belle pièce curieuse pour les costumes du temps, rare.

763 **Watteau** (D'ap.). Son Portrait en buste, in-4. Sup. ép. Supérieurement remargée, grande marge.

764 — La Fileuse. — La Marmotte. 2. p. par *B. Audran*. Sup. ép., toute marge.

765 — Louis XIV mettant le cordon bleu à M. de Bourgogne, par de *Larmessin*. Superbe ép., grande marge.

766 — Les deux Cousines, par *Baron*. Rare, superbe ép., marge.

767 — Leçon d'amour, par *Dupuis*. Superbe ép., toute marge.

768 **Watteau** (D'ap.). Retour de chasse : c'est le portrait de Mme de Vermenton, par *B. Audran.* Superbe ép., marge.

769 — La Danse paysanne, par *B. Audran.* Très-belle ép.

770 — Fête au dieu Pan, par *Aubert.* Belle ép.

771 — Voulez-vous triompher des belles? débitez-leur des bagatelles, par *Thomassin.* Belle ép.

772 — La proposition embarrassante, par *Keyl.* Sup. ép., rare, marge.

773 — La Mariée de village, par *Cochin.* Très-grande ép., eau-forte pure.

774 — Arabesques en travers : le Chasseur content, l'Été, l'Automne et l'Hiver. 4 p., très-belles ep.

775 — La Fontaine, Divinité et Empereur chinois, 3 Arabesques en travers. Belles ép.

776 **Wille** (J.-G.). La Cuisinière hollandaise, d'ap. *Metzu.* Très-belle ép.

777 — (J.-G.). Les Offres réciproques (Le Blanc, 53). Sup. ep. avant l'accent sur Dédié *a.* Belle marge.

778 — Le Concert de famille (L.-B. 54). Sup. ép.

779 — La Liseuse (L.-B. 62). Superbe ép. avec la dédicace à Mme Usten. Belle marge.

780 — La Tricoteuse hollandaise, d'ap. Micris. (L.-B. 64). Sup. ép., grande marge.

781 — Bonne femme de Normandie (L.-B. 71). Sup. ep.

782 **Wille** fils (P.-A.). Petit Vauxhall, dessiné et gravé par lui, 1780. Charmante pièce avec costumes de l'époque.

Capo

Dob 13.

Michel 3

Joseph 8. Henri 2 Jacob 5. [illegible]

Jacob 21

Perrin 20 (?)

PIÈCES IMPRIMÉES EN COULEUR

783 **Anonyme**. Six petits Sujets d'Amours et Baigneuses dans des ronds pour des boutons. 1. p. rare.

784 — Scène dans les Ruines de Pompeï, grand in-fol., trait colorié.

785 **Alix**. Scènes d'Amants, Servante et Boucher, etc. 2 grandes p. avant la lettre, d'ap. *Lespinay*.

786 — Marie-Anne **Charlotte Corday**, petit in-fol. ovale gravé en couleur. Sup. ép., marge.

787 — Dubus de Préville, avec trois Scènes de théâtre au bas. Charmant portrait gravé en couleur, par son filleul.

788 **Beljambe**. J. Silvain Bailly, maire de Paris; la ville de Paris lui offre la couronne civique, in-4, imprimé en couleur, d'ap. Monnet. Sup. ép. toute marge. Rare.

789 **Benazech**. Le prix de l'Agriculture. — Le Couronnement de la Rosière. 2 p. gravées en couleur. Belles ép.

790 **Boilly** (D'ap.). On la tire aujourd'hui, par Tresca. Sup. ép. en couleur.

791 — La Comparaison des petits pieds, colorié, gravé par Chaponnier.

792 **Bonnet**. La Main-Chaude. — Colin-Maillard. — La Brouette, 3 Charmantes p. en couleur, d'ap. Huet.

793 **Bonnet** (Chez). Homme et Femme de qualité. Costumes avec de très-hautes coiffures poudrées. Sanguine superbe.

794 **Chapuy** (J.-B.), d'ap. Lavreince. Les trois Sœurs au parc de St-Cloud. — Les Grâces parisiennes au bois de Vincennes. 2 p. Sup. ép. couleur.

795 **Cheesmann.** The Seamstress, gracieuse jeune fille travaillant.

796 **Curtis**, d'ap. *Boze.* Louis XVI. Beau portrait in-fol., grande marge.

797 **Darcis**, d'ap. *Lavreince.* La Sentinelle en défaut. Jolie pièce en couleur. Très-belle ép., grande marge.

798 **Debucourt.** Le Compliment ou la matinée du jour de l'an 1787. — Le Bouquet ou la fête du grand papa. 2 charmantes compositions de famille. Très-belles épreuves, marge.

799 — 1786. Les deux Baisers. Pendant qu'un vieillard admire le tableau où il embrasse sa jolie compagne, elle se laisse baiser la main par le peintre qui lui glisse une lettre. Magnifique épreuve d'une charmante composition.

800 — La Main. Jeune homme baisant la main d'une jeune fille assise, qui le laisse faire en riant. Charmante composition dans un jardin. Magnifique ép, en couleur.

801 — 1789. La Noce au château. Jolie composition imprimée en couleur.

802 — Louis XVI en pied, en manteau royal, dédiée à la nation. Très-belle ép. en couleur.

[illegible] 3.

[illegible] 30 Herzog 20 Dorn 51

13

Dob. 57.

Michel 25 Dob 61

[illegible] Herzog 30 Michel 15 Dob. 51

[illegible] 10

[illegible] 30 Chabot 10 Michel [illegible]
13 Conservatoire

B. 5

Michel 3
Michel 3

Herzog 30

Herzog 15

Doô 9

803 — Almanach national, année 1791. Belle pièce de l'époque, imprimée en couleur.

804 — L'Hiver. Une jeune femme, tenant son enfant, court après son mari qui l'abandonne. Très belle ép. avant la lettre.

805 — Le Canal, traîneau à cheval sur le canal de l'Ourcq glacé.

806 — Route de Saint-Cloud, d'ap. *C. Vernet*.

807 — Le marchand de chevaux normands.

808 — Calèche se rendant au rendez-vous de chasse. Très-grande pièce, d'ap. *C. Vernet*, en couleur.

809 **Demarteau**, d'ap. *Boucher*. Vénus demi couchée surprise par Zéphire. Sanguine.

810 — d'ap. *Lebarbier*. Bacchanales, nymphes et satyres jouant avec des enfants. 2 p. rondes, sup. ép., marge.

811 — Escalier dans un parc. — Ruine d'un temple en Grèce, d'ap. *Panini*, avant toute lettre. 2 p.

812 **Descourtis**. Environs de Rome. 2 p. rondes. d'ap. *De Machy*. Sup. ép., marge.

813 — Vues des Tuileries; côté du pont tournant. — Côté du château. 2 petites p. rondes.

814 — Vue de la porte Saint-Bernard. — Vue du port Saint-Paul. 2 p. grand in-fol. Très-belles ép.

815 **Freudenberger**. Départ du soldat suisse. — Retour du soldat suisse dans le pays. 2 p. supérieurement retouchées au pinceau.

816 **Guyot** et autres. Maison de Mlle Hervieux. — de Mlle Guimard. — Ma parole d'honneur, on me le payera. — Vue du port de Saint-Malo, de Londres, jardin anglais, la Princesse noire, etc. 10 p.

817 **Hodges**. Children spouting comedy. — Children spouting tragedy. 2 p. en couleur, d'ap. *Paye*.

818 **Huet** (D'ap.). L'oiseau qui s'envole de la cage, — et autre. 2 pastorales en couleur, par *Demarteau*.

819 — Les Adieux du fermier, par *Jubier*.

820 **Janinet**. Le Repas des moissonneurs et la Noce de village, d'ap. *Wille* fils. 2 p. sans marge, sup. épr.

821 — L'Amour rendant hommage à sa mère; il lui présente une rose, d'ap. *Boucher*. Superbe ép. avant toute lettre, pièce ronde.

822 — Vénus demi couchée, reveillée par le souffle de Zéphir; l'Amour dort à ses pieds; d'ap. *Charlier*. Superbe ép. avant toute lettre, pièce ronde.

823 — Les trois Grâces, d'ap. *Pellegrini*. Jolie pièce gracieuse, gravée en couleur. Sup. ép., marge.

824 — La Folie. — L'Amour. 2 charmantes pièces ovales, d'ap. Fragonard, toute marge. Très-belle ép. Ce sont de vrais chefs-d'œuvre d'imitation d'aquarelle.

825 — D'après *Lavreince*. Ah! laisse-moi donc voir. Sup. ép. d'une charmante composition, gravée en couleur.

826 — La Comparaison. — L'Aveu difficile. 2 charmantes compositions, d'ap. Lavreince. Très-belles épr.

827 — Le Rendez-vous comique. — Comédiens comiques. 2 jolies p. en couleurs, d'ap. *Watteau*. Sup. ép.

[illegible] Michel 6 Dob [illegible]

[illegible] Dob [illegible]

2 Michel 7. [illegible] Dob 51

[illegible] 20 Dob 66

[illegible] 16

[illegible] 88

Michel 15

Dob. ~~36~~

Gomane 1

~~Fleury~~ 10

Michel 3

Michel 6

Michel 8

Michel 30

Michel 5

Dob 36 Michel 30

828 — Mademoiselle **Duthey**, actrice, d'après *Lemoine*, gravée en couleur. Très-belle épreuve non coupée à l'ovale. Rare.

829 — Projet du groupe de Louis XVI et Henri IV, d'ap. de *Varenne* et *Moreau*. Belle ép. avant la lettre.

830 — Ruines de la Villa Madame, d'ap. *Robert*.

831 — 1re vue de Paris, prise du pont Royal.

832 — 1re et 2e vues des environs de Paris, d'ap. *Moreau*. — Les Rochers de Needle. 3 p.

833 — Le Repas des moissonneurs, d'ap. *Gravelot*. Charmante p. en bistre. Sup. ép.

834 — Marche de bagages, d'ap. *Houel*, 1768. Fac simile en bistre.

835 **Le Brun** (D'ap. Mme). Marie-Antoinette près du buste de Louis XVI, grand in-8 ovale en couleur.

836 **Le Cœur**. Vue de l'autel de la Patrie et d'une partie du champ de Mars à l'instant où M. de Lafayette prête le serment, d'ap. *Swebach*. Superbe ép. toute marge, d'une pièce rare.

837 **Le Cœur** (Chez). La Colère feinte, pièce ovale en travers. Belle ép.

838 — Si tu voulais? — Eh vite, l'on nous voit! 2 jolies scènes. Très-belles ép.

839 **Moitte** (D'ap.). La Légèreté punie, sanguine, par Mlle *Brinclaire*, toute marge.

840 **Morret**. Café des Patriotes, gravé en couleur, d'après *Swebach Desfontaines*. Grande pièce cucieuse pour les costumes. Rare.

841 **Parizeau**. Combat de taureaux, d'ap. le baron de *Sandoz Rollin*, en bistre.

842 **Ploos van Amstel**. Le Joueur de violon devant l'auberge. Superbe fac-simile de l'aquarelle d'*Ostade* qui est au musée de Lahaye.

843 — Seigneurs et dames sur la glace, fac simile, d'ap. *Avercamp*.

844 **Reynolds** (D'ap.). The Calling of Samuel, par *Smith*; en couleur.

845 **Rowlandson**. English Barracks. — Studious Gluttons. 2 p. Très-belles.

846 **Rowlandson** (D'ap.). An artiste travelling in Wales, charge en couleur.

847 — A French Family, scène de danse. — An Italian Family, scène de chant et de musique. 2 p. Très-belles, sur les mœurs.

848 **Sergent**. Les effets du remède à gaz, le malade s'envole par la fenêtre. *The day's folly*. Superbe ép.

849 — The first come best served. — The place to the first occupier. — 2 p en couleur, d'ap. *Saint-Aubin*. Superbes ép. en ovale, marge.

850 **Ward** (W.). Visite au grand-père, d'ap. *Smith*, Scène familière, en couleur.

851 Coiffures et chapeaux à la Brunette, à la Zingara et autres. 12 coiffures différentes sur la même feuille, coloriées.

852 Caricatures anglaises. Honni soit qui mal y pense, par *Humphrey*. — Connaisseurs examinant la collection de G. Moreland — et autres. 5 p. coloriées.

[illegible] Michel 22 Dob. 60

Gig. 12

Mag. 6. [illegible]

Gennaro 16

DESSINS

853 **Anonyme.** Garçon, femme et enfants mendiants. Aquarelle.

854 ALLEGRAIN (Gabriel). Fils d'Étienne; Château avec tourelles dans un riche paysage de grande étendue. Aquarelle.

855 BAROCCI (Frederico Fiori, dit). Divers saints adorant la Vierge et Jésus, dessin à la plume. Aquarelle lavé d'encre. — Autre, Vierge et Jésus adorés par 4 saints et saintes; à la plume, lavé de bistre. Coll. *Andreossy*. 2 p.

856 BERG (G. V. D.), 1796. Ouvrières en dentelles. — Marchande de légumes. — Servante. — Les Œufs cassés. — Le Médecin tâtant le pouls. — Le Dessinateur. — Jeune paysanne. — Le Pont de planches. — Deux Dames en conseil pour une lettre. — Jeune Homme offrant une rose à une Dame. — 10 Dessins aux crayons noir et rouge, charmantes compositions. Sera divisé.

857 BOILLY (L.), 1808. Soldat dans un groupe de figures de tout âge qui trinquent ensemble. Esquisse avancée à l'encre de Chine.

858 BOISSIEU (J.-J. de). Le Temple de la Sibylle, à Tivoli. *D. B. f.*, 1765. Beau dessin à l'encre de Chine. Coll. *Saint* et *Walferdin*.

859 BOISSIEU. Bords de la Saône, Paysage resplendissant de soleil. Très-beau dessin à l'encre de Chine.

860 BOQUET. Costumes de théâtre pour le mariage du comte d'Artois. 3 dessins à la plume.

861 BOUCHARDON. Deux enfants jouant à la raquette. A la plume, signé.

862 BREUGHEL, dit de Velours (J.) Vue de Spa avec figures et animaux. A la plume légèrement lavé en couleurs. Coll. *B. West.*

863 CABEL (Adrien Vander.) Paysage avec figures. A la plume, lavé de bistre. Coll. *d'Holbach.*

864 CANTARINI, dit le Pesarese (Simon.) La sainte Vierge, Jésus, sainte Anne et saint Jean. Dessin d'un joli sentiment, à la sanguine, en rond. Coll. *Th. Lawrence* et *R. Udny's.*

865 CARMONTELLE. La Bouquetière. Charmant dessin à plusieurs crayons, dans le goût de Boucher.

866 CATS (Van Stry). Mendiante. Aquarelle.

867 — Paysan portant un panier. Aquarelle.

868 CHAUDET. Deux croquis à la plume. Bas-relief pour monument à Napoléon 1er.

869 CIGOLI (Luigi Cardi, dit.) Prélat recevant des pèlerins. Esquisse pour voûte, à la plume, lavée d'encre et de bistre. Coll. *Barni.*

870 CLERISSEAU. Ruines, légèrement lavées de couleur.

871 COOPER. Chaumière au bord de l'eau. Sépia.

872 D. V. N. Tête de femme de profil, aux crayons de pastel. Beau dessin.

873 DECKER (Conrad). Paysage. Beau dessin à la plume, lavé de bistre.

[illegible] 2.50

[illegible] 15

[illegible] 1/5

[illegible]

874 DEMARNE (J.-L.) Paysage avec bestiaux, pont de bois sur une rivière, etc. Charmant petit dessin au crayon. — Au revers, croquis d'un marché.

875 DESHAYES. La mort de Lucrèce. Au bistre, rehaussé de blanc.

876 DESRAIS. Scène de mœurs et costumes, caricature. Croquis à la plume, curieux. (Huit figures.)

877 DIETRICY. Homme et dame de qualité en costumes de berger et bergère près d'une statue d'Apollon. Esquisse à la plume, lavée d'encre.

878 DRIELST (E. Van). Paysage, genre de Ruysdael. A la pierre noire et lavé d'encre de Chine.

879 DUCERCEAU (Androuet). Deux pistolets à rouets et à pierre de la plus grande richesse de sculpture, avec frises en bas-relief : Chasse au cerf, au sanglier, bataille, figures, arabesques. A la plume, lavé de bistre, de la plus grande finesse d'exécution. Dessin magnifique.

880 DUGOURE (J.-D.), 1780. Jeune page tenant un palefroi par la bride, Charmant dessin in-8, à la Sepia, *signé et daté.*

881 DU JARDIN (Karel). Neuf têtes de moutons. Esquisse à l'huile sur toile, de la plus belle qualité.

882 DYCK (Antoine Van). Saint Antoine au pied du Christ en croix. Beau dessin à la plume, lavé d'encre de Chine.

883 — Gentilhomme à cheval, suivi de son valet. Beau dessin à la pierre noire. Coll. *Soret.*

884 **Ecole italienne**, XVIe siècle. Riche fontaine monumentale. Au bistre.

885 — Présentation au Temple. Plume, lavé d'encre.

886 EISEN. Toilette de Vénus, entourée de Nymphes et d'Amours. Gracieux croquis à la plume et crayon.

887 ELZHEIMER (Adam). Loth quittant Sodome. Joli dessin à la plume, lavé de bistre.

888 FRANCK (François). Mucius Scevola. — Andromède délivré par Persée. — Deux dessins à la plume, lavés à la pierre bleue.

889 GAVARNI. Le Zouave et son ami. Crayon relevé de couleur.

890 GOSSAERT (Jean), *de Mecheln*. Décollation de saint Jean-Baptiste. Très-beau et rare dessin à la plume, rehaussé de blanc sur papier de couleur, *signé*. Coll. *Andreossy*.

891 GOYA. *Ya tienen asiento*. Femmes avec des chaises sur la tête. — *Porque esconderlos*. 2 très-belles esquisses à l'huile sur fer-blanc (les Eaux-fortes pour les *Caprichos* sont sur le carton au revers). 2 cadres.

892 GOYEN (J. Van). Une plage à marée basse, grand nombre de figures, au centre un homme à cheval. Beau dessin à la pierre noire et à l'encre de Chine, *signé et daté*, 1653.

893 GRAVELOT. Figures allégoriques de femmes et enfants, pour un calendrier. 6 charmants petits dessins à l'encre de Chine.

894 — Etude d'homme en pied, figure satyrique de l'époque. Plume et bistre.

895 GUERCHIN. Cléopâtre. Croquis à la plume.

896 HARDEN (J.-V.), 1737, d'ap. *P. Potter*. Scène de Buveurs dans un cabaret flamand. A la sanguine

Fig. 2

Fig 3

Charlemagne 17

Christmas 6

897 HAUER (Georges). Paysage à la plume, genre d'Altdorfer. — Autre anonyme. 2 p. Coll. *Andreossy*.

898 HENNEQUIN. Scène militaire, le Départ du camp. A la plume et bistre.

899 HOLBEIN (Hans). Juda et Thamar, fond d'architecture. Petit dessin à la plume et bistre.

900 HUET. Chinois sur un canapé. Charmante et vigoureuse aquarelle faite sur trait.

901 — 1787. Femme et enfant près d'une fontaine qui semble faire partie d'une ferme. A la sanguine.

902 — Bacchanale d'enfants. Charmant dessin en forme de frise, plume, sanguine et lavé d'encre. Effet vigoureux.

903 JEAURAT (Edme). Marchandes au coin d'une rue. Joli petit dessin lavé à l'encre de Chine.

904 LANTARA (S.-M.) Château fort sur des rochers abruptes dominant le cours d'une rivière. Très-joli dessin à la pierre noire rehaussé de blanc, sur papier teinté.

905 LAURIN. Scènes de Nymphes au bain, entourées d'Amours, Erigone entourée de Satyres. 3 charmants dessins à la sanguine.

906 LECLERC (Sébastien). Visite de Louis XIV à la manufacture royale des Gobelins. A la plume, lavé à l'encre de Chine. A servi pour la gravure. Au revers, charmant croquis à la mine de plomb : la Danse, par Monnet ?

907 — Abbés, petits maîtres, dames de qualité. Croquis spirituellement exécuté à la plume et lavé à l'encre.

908 **LEPICIÉ.** Femme assise, vue de dos. A la pierre d'Italie. *Signé.*

909 **LEPRINCE,** 1780. Cantine dans une fête villageoise ; on danse, on boit. Dessin en bistre d'une touche très-délicate.

910 — Le départ pour le marché, jolie paysanne à cheval, autre portant son enfant dans sa hote, berger flûtant, bestiaux. Scène très-animée. Charmant dessin au bistre.

911 **MEYER** (H.) Entrée de village, avec figures et animaux. Charmant dessin, lavé de bistre.

912 — 1784. Seigneurs causant avec dames et enfants, riches costumes. Superbe aquarelle.

913 **MOLENAER** (Claas). Fête de paysans à la porte d'une ferme Beau dessin à la plume, lavé à l'encre.

914 **MONNET.** Télémaque aux enfers ; il est reçu par Pluton et Proserpine ; l'on voit la Mort, les Harpies, les Furies. Magnifique gouache, in-4, sur vélin, touchée comme une miniature.

915 **MOREAU.** Seigneur et ses jardiniers, on aperçoit au fond une nacelle et une tour chinoise. Au bistre et aquarelle. Ovale en hauteur.

916 **MURILLO** (Esteban). La Vierge et Jésus sur des nuages dans une gloire d'ange ; saint François, sainte Thérèse, et autres fondateurs d'ordres religieux sont en adoration. Superbe dessin à la plume et au bistre. Coll. *Woodburn.*

917 **NATTIER.** Etude de femme tenant un livre, la tête appuyée sur sa main gauche. Crayon noir rehaussé de blanc sur papier bleu.

Fig 3

Haug. 11

918 NICOLE (Victor). Vue de Venise, l'église Santa-Maria della Salute. Charmant pet. dessin au bistre. 7 50

919 OMMEGANCK (B.-P.). Le passage du gué. Composition capitale, magnifique dessin terminé, lavé à l'encre de Chine et très-légèrement rehaussé de couleur. Bel effet de soleil, lointain vaporeux. 20

920 OSTADE (Isaac-Van). Intérieur de cuisine : homme et femme lavant un baquet. Très-beau dessin au bistre. Coll. *Flinck.* 5

921 PASTEL. Portrait de Monnet, directeur de l'Opéra-Comique. Cadre doré, bois sculpté du temps. 13

922 PENNI, dit le Fattore. Tête de femme. Beau dessin à la plume et au bistre. 1 50

923 PERIGNON (Nicolas). Paysage avec fabriques en ruines, barques sur le rivage, figures. Très-jolie aquarelle, d'une grande finesse de tons, signé *N. Perignon*, 1774. Coll. *Walferdin.* 5 50

924 PETERS (Bonaventure). Marine, avec sauvetage d'un navire échoué au premier plan. Joli croquis à la plume. 2

925 PIERRE. La Toilette. Belle sanguine. 3

926 POUSSIN (Nicolas). Dans un site sauvage, un personnage drapé à l'antique harangue des hommes armés. Beau croquis à la plume, lavé de bistre. Coll. *Lagoy, Lempereur, d'Holbach.* 7 50

927 PROCACCINI. Deux saints servis par des anges soignent les malades dans un hôpital. Beau dessin à la plume, à l'encre et au bistre. 7

928 PRUDHOMME (Antoine-Daniel). Le Jeu de quille. Charmante composition de 12 fig. à la plume chaudement lavée de couleurs. *Signé.*

929 REMBRANDT. Paysage, chaumière dans une prairie. Superbe dessin à la plume et bistre.

930 — Repos de la Sainte Famille. Dessin au trait, à la plume.

931 ROTTENHAMER. Le triomphe de Vénus. Jolie esquisse à la pierre noire et à la plume.

932 SACCHI. Tête de femme. Crayon noir et blanc, sur papier brun.

933 STRY (Jacob Van). Vue de la Meuse à Dordrecht. Effet de soleil levant. Très-beau dessin lavé en couleur.

934 SWEBACH Desfontaines, le gué, figures et bestiaux. Aquarelle.

935 TITIEN. Saint Jérôme en prière dans le désert. Beau dessin à la plume, d'une grande finesse.

936 TRINQUESSE. Jeune fille en pied. Belle étude à la sanguine, sous verre.

937 — Etude en pied d'une femme de la campagne. Belle sanguine.

938 — Etude d'homme en pied, vu de dos. Sanguine.

939 — Etude de jeune fille en buste dans un médaillon. Sanguine.

940 TROOST. Fumeurs écoutant un lecteur. A la plume et pierre bleue, mêlée d'encre de Chine.

941 ULFT (Van Der). Clairière dans une forêt. Beau dessin à la plume et bistre.

942 VANLOO (Carle). Apollon et une Nymphe. Pierre d'Italie réhaussée de blanc sur papier bleu. *Carle Vanloo*, 1743.

943 VANNI (Francesco). La Vierge et Jésus sur ses genoux entourés de Chérubins, descend sur le tombeau de sainte Cécile ; aux deux côtés, un ange relève une draperie, celui à gauche tient une couronne de fleurs. Charmante composition capitale, lavée au bistre, mêlé de sanguine Coll. *Norblin.*

944 VINCENT. Costumes de théâtre pour Abdalla et sa suite. 2 aquarelles contenant 6 costumes.

945 VÆNIUS (Otto). Saint Pierre. Beau dessin à la plume.

946 VOS (Martin de). Sujets historiques. Compositions diverses relatives au siége d'Anvers, à la conclusion de la paix. 6 charmants dessins très-finement exécutés, à la plume et lavés de bistre. Très-intéressants pour les costumes. Coll. *Andreossy.*

947 WATTEAU. Etude de femme assise. A la sanguine. (A été gravé).

948 WEENIX (J.-B.). Intérieur de cuisine avec gibiers, légumes, etc. Beau dessin à la plume et bistre. Coll. *Flinck.*

949 WEYLER, peintre émailleur ; tête de femme aux crayons de couleur. *Weyler*, 1790.

950 ZACHT-LEVEN (H.). Intérieurs de forêts. 2 superbes dessins d'après nature. A la pierre noire et lavés de bistre. Coll. *Ploos van Amstel.*

951 ZUCCARO (Frédéric). Prédication d'un docteur de l'Eglise. Beau dessin à la plume, lavé de bistre.

952 ZUCCARO (Thaddeo). Le Christ mort soutenu par des anges sur les nuages. Beau dessin à la plume, lavé de bistre. Coll. *F. V.*

953 **Dessins chinois**. Figures dans un paysage et intérieur. 2 dessins.

954. ANONYMES. Saint Pierre marchant sur les eaux. Sanguine lavée à l'encre.—Esquisse d'un seigneur cuirassé en pied. Sanguine, goût de Van Dyck.—Groupe de pêcheurs sur une plage. Crayon noir.—Saint en prière. Crayon et lavé par F. Solimene. 4 p.

ig. 2

7 Londres
12 Belgique
4 Hollande
15 divers

10 20

108 France à 10c
13

12 10

28 Paris

2 80

22
20

2 20
2

330 Largièrn

14

559

43 30

19 Mains chemins

2 transport à l'hôtel

600 Catalogues 344
100 affiches 31

43 30
23 75
5

78, 05

PORTRAITS EN BISTRE

Collections de Portraits inédits ou rares de Personnages celèbres

REPRODUITS NOUVELLEMENT PAR LA GRAVURE

Publiés par VIGNÈRES, M[d] d'Estampes

Rue de la Monnaie, 13, à l'entresol, entrée rue Baillet, 1.

ALBANY (Louise-Max. de Stolberg, comtesse d').	Gravée par Varin.
AMOROS, colonel, fondateur de la gymnastique en France.	id.
ARGOUT (Antoine-Maurice-Apollinaire, comte d').	J. Porreau.
BABEUF (F.-N.-Gracchus), journaliste.	id.
BARÈRE (Bertrand), de Vieuzac, conventionnel.	id.
BEAUHARNAIS (comtesse Stéphanie de), poète, romancière.	Sisco.
BERRUYER, général, commandant des Invalides.	J. Porreau.
BERTRAND DE MOLLEVILLE, marquis, ministre, littérateur.	id.
BIÈVRE (marquis de), célèbre auteur de calembours.	id.
BLANCHARD (Madeleine-Sophie-ARMAND, Madame), aéronaute.	id.
BONJOUR (Casimir), auteur dramatique.	id.
BORGHÈSE (Camille-Philippe-Louis), prince.	id.
BOSSUT (Charles), mathématicien.	id.
BRAZIER (Nicolas), auteur dramatique, d'après Marlet.	id.
BRISSOT (J.-P.), de Varville, conventionnel.	id.
CANCLAUX (J.-B. Camille, comte de), général, pair.	id.
CAYLA (comtesse de), née Talon, d'après le baron Gérard.	Massard.
CLOUET dit JANET, (François), peintre de portraits.	J. Porreau.
COCHON, comte de l'APPARENT, conventionnel, ministre.	id.
DEBUREAU, acteur des Funambules, Pierrot.	id.
DE FERMONT (comte), député, conseiller d'État.	id.
DEVIENNE, actrice, Théâtre-Français.	Normand.
DONADIEU, baron, général de division.	J. Porreau.
DORAT-CUBIÈRES-PALMEZEAUX, poète, auteur dramatique.	id.
DROZ (Joseph), littérateur, académicien.	id.
DUCHESNE aîné, conservateur du cabinet des estampes.	id.
DUCOS (Roger), avocat, constitut., 3e consul provisoire.	id.
ÉLIE DE BEAUMONT, avocat au Parlement de Paris.	Devritz.
EMPIS (Adolphe), auteur dramatique.	J. Porreau.
EPAGNY (d'), poète dramatique.	id.
FABRE DE L'AUDE (comte), député, pair, littérateur.	id.
FIEVÉE (J.), littérateur, auteur dramatique.	id.
FRÉRON (Louis-Stanislas), conventionnel.	id.
FROCHOT, comte, préfet, député.	id.
GARNERIN (A.-J.), inventeur du parachute.	id.
GARNERIN (Élisa), aéronaute.	id.
GAUDIN, duc de Gaëte, ministre des finances.	id.
GENLIS (A. Brulard, comte de), cap. des gardes, convent.	id.
GEOFFROY (J.-L.), critique, journaliste.	id.
GODOI (don Manuel), prince de la Paix.	Varin.
GOUFFÉ (Armand), chansonnier, vaudevilliste.	J. Porreau.

Guimard (Mademoiselle), danseuse. J. Porreau.
Jouffroy (Théodore-Simon), professeur, académicien. id.
Jousselin de Lasalle, homme de lettres. id.
Kant (Emmanuel), philosophe allemand. Bracquemond.
Lacalprenède (Gauthier de Costes, seign. de), romancier. Varin.
Lainé (J.-H., vicomte), ministre et académicien. J. Porreau.
Lamballe (princesse de), dess. d'ap. nature par Gabriel, id.
Lasource (M.-David-Albin de), député du Tarn. id.
Lavallière (L.-F. de la Baume, duchesse de). id.
Lucotte (Edme-Aimé), lieut.-général, comte, né à Dijon. id.
Marat, à la tribune, dess. d'après nature par Gabriel. id.
Martin (Louis-Aimé), littérateur. id.
Maurepas (J.-Fréd. Phelypeaux, comte de), ministre. Varin.
Mazères (Édouard), auteur dramatique. J. Porreau.
Mesmer, auteur du magnétisme animal. id.
Mézerai, actrice, Théâtre-Français. Normand.
Orléans, duc de Montpensier (Ant.-Philippe d'), 1773-1807. J. Porreau.
Persuis (L. Loiseau de), musicien, d'ap. Pierre Guérin. id.
Petiet (Claude), député, ministre de la guerre. id.
Philidor (André-Danican), musicien, auteur du jeu d'échecs. id.
Pilon (Germain), sculpteur, 1550. id.
Pixerécourt (Guilbert de), fac-simile, d'après J. Boilly, in-4. id.
Pongerville (Samson de), académicien. id.
Pontus de la Gardie, général en Suède. id.
Ramel-Nogaret, ministre des finances, préfet. id.
Reveillère-Lepaux, botaniste, théophilanthrope. id.
Robert-Lindet, député, conventionnel, ministre. id.
Romme (Gilbert), conventionnel. id.
Rouget de L'Isle, auteur de *la Marseillaise*, musicien. Varin.
Saint-Huruge (marquis de). J. Porreau.
Saint-Prix, acteur, Comédie-Française. id.
Saint-Simon (Claude-H., comte de), philosophe. Perrot.
Silvain Maréchal, poète et littérateur. Devritz.
Tallien (Madame), née Cabarus, d'après le baron Gérard. Massard.
Treilhard (J.-B., comte), député, ministre, etc. J. Porreau.
Tronson du Coudray, avocat, du Conseil des Anciens. id.
Vadier (A.), député aux États-Généraux. id.
Vatout (J.), poète, académicien, bibliothécaire. Varin.
Vigée (L.-G.-B.-E.), poète et auteur dramatique. J. Porreau.
Cartouche (Louis-Dominique), fameux voleur. Lallemand.
Mandrin (Louis), fameux contrebandier. Delaistre.

Chaque portrait pouvant entrer dans un in-8° est tiré in-4°.
Avec la lettre, papier blanc, 1 fr.; papier de Chine, 1 fr. 25 c.
Avant la lettre, papier blanc, 1 fr. 50 c.; papier de Chine, 2 fr.
Dont il n'est tiré que 20 épreuves blanc et 5 Chine.

Afin de faciliter les recherches des Amateurs de portraits, soit pour les illustrations, soit pour les collections d'autographes ou autres, *deux Catalogues détaillés* de quelques collections de portraits qui peuvent se trouver chez moi, classés par ordre alphabétique, seront remis aux personnes qui en feront la demande affranchie.

Renou et Maulde, imprimeurs de la Compagnie des Commissaires-Priseurs, rue de Rivoli 144. 36241

www.ingramcontent.com/pod-product-compliance
Ingram Content Group UK Ltd.
Pitfield, Milton Keynes, MK11 3LW, UK
UKHW020308180726
13839UKWH00001B/406